Strum & Sing: Today's Hits

ISBN 978-1-4803-4246-0

Copyright © 2013 Cherry Lane Music Company
International Copyright Secured
All Rights Reserved

The music, text, design and graphics in this publication are protected by copyright law. Any duplication or transmission, by any means, electronic, mechanical, photocopying, recording or otherwise, is an infringement of copyright.

Visit our website at www.cherrylaneprint.com

CONTENTS

- 3 The A Team
- 8 As Long as You Love Me
- 12 Diamonds
- 15 Don't Stop Believin'
- 18 Everlong
- 21 Forget You
- 24 Goodbye in Her Eyes
- 32 Half of My Heart
- 36 Haven't Met You Yet
- 29 Hey, Soul Sister
- 40 Ho Hey
- 44 Home
- 46 I Knew You Were Trouble.
- 50 I Won't Give Up
- 54 If I Die Young
- 62 Just a Kiss
- 59 Just the Way You Are
- 66 Kiss You
- 70 Locked Out of Heaven
- 76 Lonely Boy
- 73 Need You Now
- 78 The One That Got Away
- 82 The Only Exception
- 88 Poison & Wine
- 85 Rolling in the Deep
- 90 Set Fire to the Rain
- 93 Some Nights
- 98 Stronger (What Doesn't Kill You)
- 104 Try
- 101 U Smile
- 108 Viva la Vida
- 112 Wanted
- 116 We Are Never Ever Getting Back Together
- 120 We Are Young
- 124 Yoü and I

The A Team

Words and Music by
Ed Sheeran

(Capo 2nd fret)

Intro G | | | D/F♯ | Em | C | G | ||

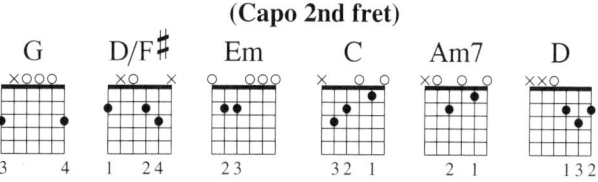

Verse 1

G | |
White lips, pale face,
|G D/F♯ |
Breathing in snow - flakes.
Em | C |G | |
Burnt lungs, sour taste,
G | |
Light's gone, day's end.
|G D/F♯ |
Struggling to pay rent.
Em | C |G |
Long nights, strange men.

Pre-Chorus

      ‖**Am7**
And they   say

    |**Am7** |**C**
She's in the Class A   Team,

C |**G**
Stuck in her day - dream.

G |**D**
Been this way since eighteen.

  |**D** |**Am7**
But lately her face seems

Am7 |**C**
Slowly sinking, wast - ing,

C |**G**
Crumbling like pas - tries.

    |**G**
And they   scream:

     |**D**
The worst   things in life come free to us.

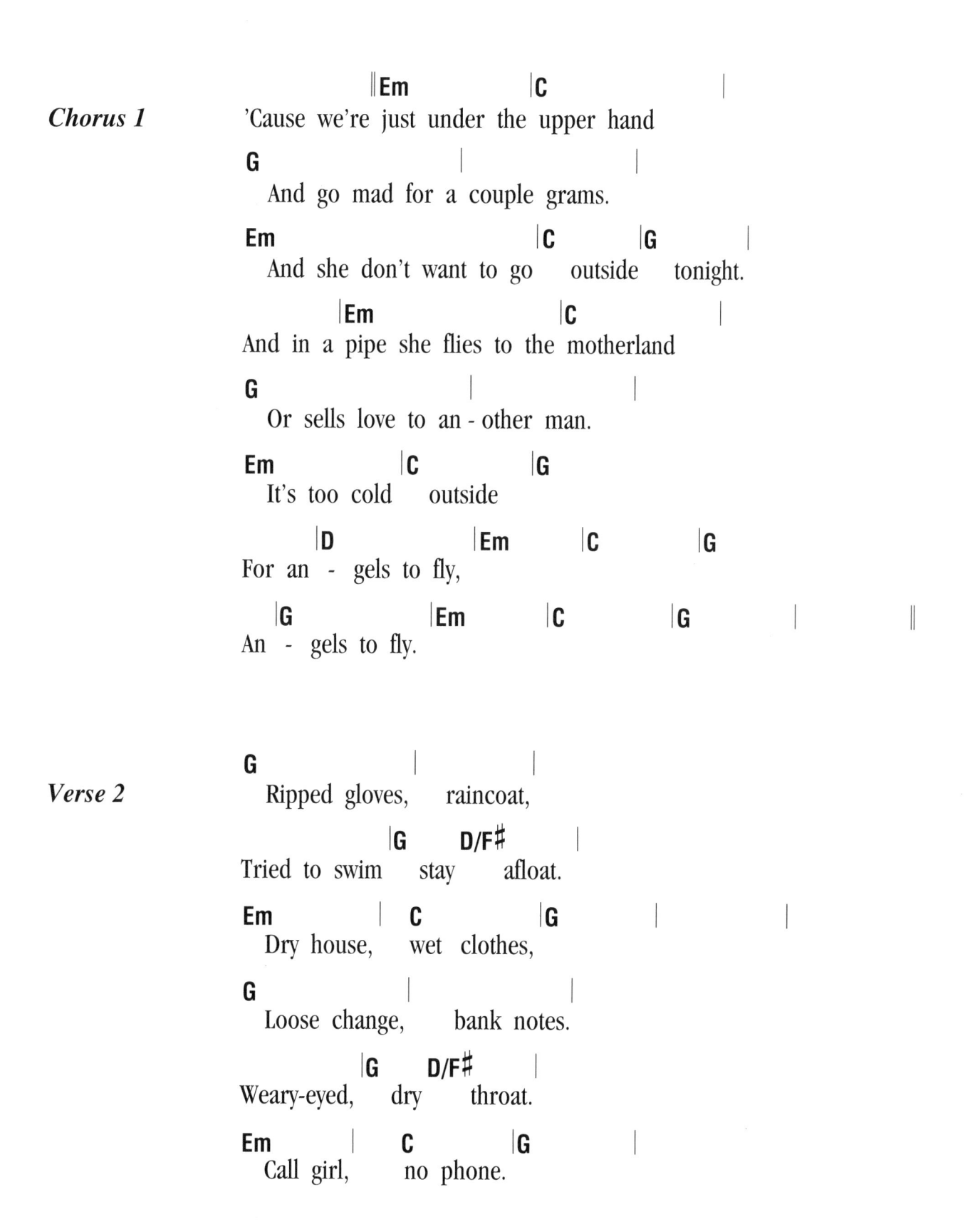

Chorus 1

```
       ‖Em            |C                |
'Cause we're just under the upper hand
 G              |                 |
   And go mad for a couple grams.
 Em                   |C       |G       |
   And she don't want to go   outside  tonight.
       |Em            |C                |
And in a pipe she flies to the motherland
 G              |                 |
   Or sells love to an - other man.
 Em      |C          |G
   It's too cold   outside
        |D          |Em       |C        |G
For an - gels to fly,
    |G         |Em       |C        |G       |        ‖
An - gels to fly.
```

Verse 2

```
    G              |         |
   Ripped gloves,  raincoat,
              |G     D/F♯    |
Tried to swim    stay    afloat.
 Em       |  C       |G       |         |
   Dry house,  wet  clothes,
 G              |         |
   Loose change,  bank notes.
              |G     D/F♯    |
Weary-eyed,   dry    throat.
 Em       |  C       |G       |
   Call girl,  no phone.
```

Repeat Pre-Chorus

Chorus 2

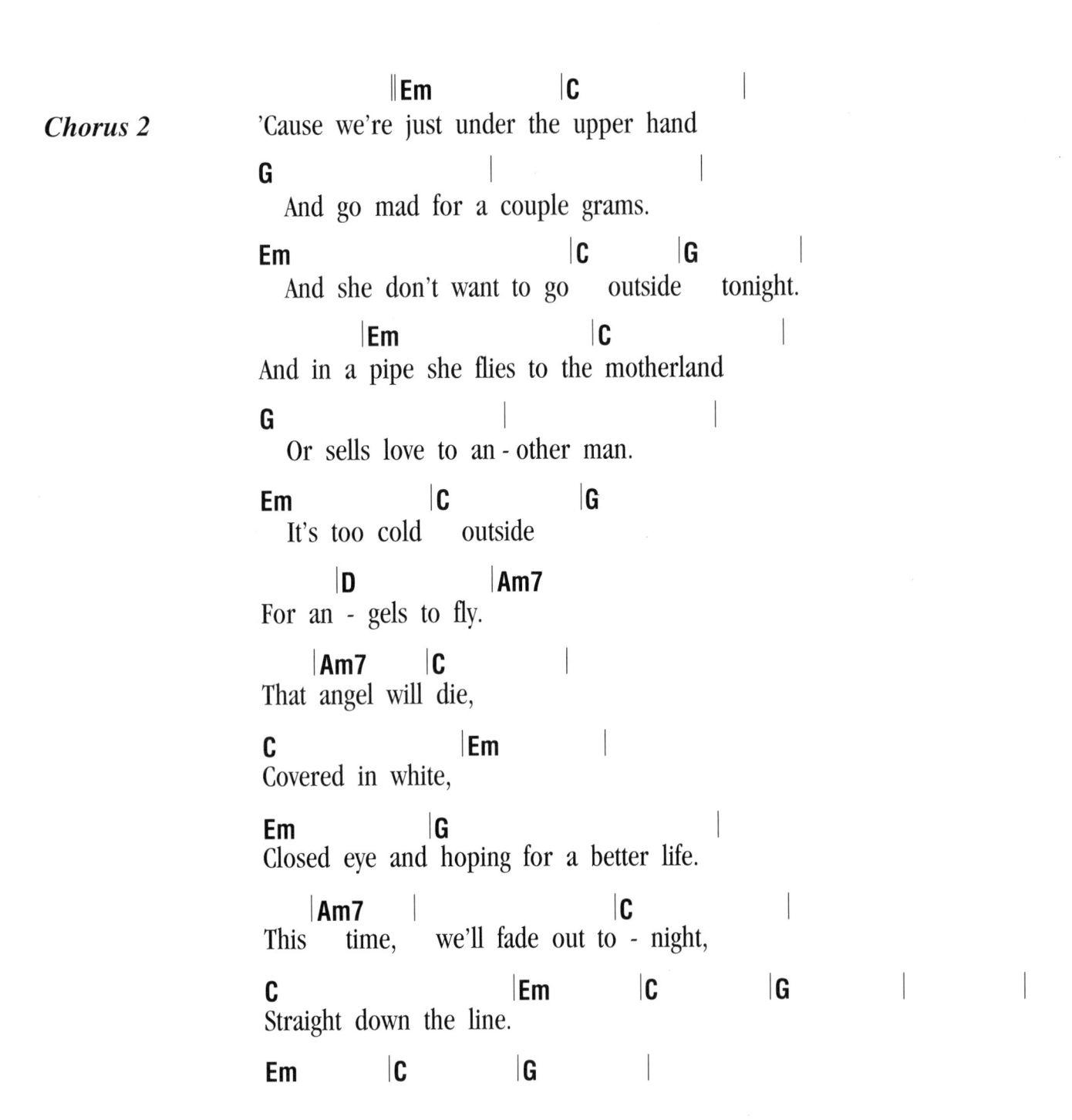

```
       ‖Em            |C              |
'Cause we're just under the upper hand
G              |               |
  And go mad for a couple grams.
Em                   |C       |G      |
  And she don't want to go  outside  tonight.
       |Em           |C              |
And in a pipe she flies to the motherland
G              |               |
  Or sells love to an-other man.
Em         |C         |G      |
  It's too cold   outside
       |D         |Am7        
For an-gels to fly.
     |Am7     |C         |
That angel will die,
C              |Em        |
Covered in white,
Em             |G               |
Closed eye and hoping for a better life.
     |Am7    |            |C          |
This    time,   we'll fade out to-night,
C                |Em      |C       |G     |       |
Straight down the line.
Em      |C        |G      |
```

Repeat Pre-Chorus

Chorus 3

‖**Em** |**C** |
And we're all under the upper hand,

G | |
Go mad for a couple grams.

Em |**C** |**G** |
And we don't want to go outside tonight.

|**Em** |**C** |
And in the pipe we fly to the motherland

G | |
Or sell love to an - other man.

Em |**C** |**G**
It's too cold outside

|**D** |**Em** |**C** |**G**
For an - gels to fly,

|**G** |**Em** |**C** |**G** |
An - gels to fly,

|**Em** |**C** |**G**
To fly,   fly,

|**G** |**Em** |**C** |**G** |
For angels to fly,   to fly,   to fly.

D |**G**   ‖
Angels to die.

As Long as You Love Me

Words and Music by
Justin Bieber, Sean Anderson,
Nasri Atweh, Rodney Jerkins
and Andre Lindal

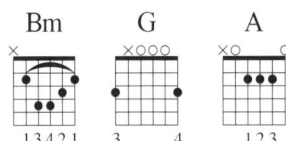

Intro |Bm |G |A |
           |Bm |G |A ||

As long as you love me.

Verse 1
Bm |G |
We're under pressure.
A | |
Seven billion people in the world trying to fit in.
Bm |G |
Keep it to - gether.
A | |
Smile on your face even though your heart is frowning.
Bm |G |
But hey now, you know, girl,
A | |
We both know it's a cruel world.
Bm |G |A |
But I will take my chances.

Copyright © 2011, 2012 UNIVERSAL MUSIC CORP., BIEBER TIME PUBLISHING, SONGS OF UNIVERSAL, INC., FF TO DEF PUBLISHING LLC,
SONY/ATV MUSIC PUBLISHING LLC, TRE BALL MUSIC, RODNEY JERKINS PRODUCTIONS, INC., SON OF BJORN MUSIC and IMP SMASH
All Rights for BIEBER TIME PUBLISHING Controlled and Administered by UNIVERSAL MUSIC CORP.
All Rights for FF TO DEF PUBLISHING LLC Controlled and Administered by SONGS OF UNIVERSAL, INC.
All Rights for SONY/ATV MUSIC PUBLISHING LLC and TRE BALL MUSIC
Administered by SONY/ATV MUSIC PUBLISHING LLC, 8 Music Square West, Nashville, TN 37203
All Rights for RODNEY JERKINS PRODUCTIONS, INC. Controlled and Administered by EMI BLACKWOOD MUSIC INC.
All Rights for SON OF BJORN MUSIC and IMP SMASH Administered by SONGS OF KOBALT MUSIC PUBLISHING
All Rights Reserved   Used by Permission

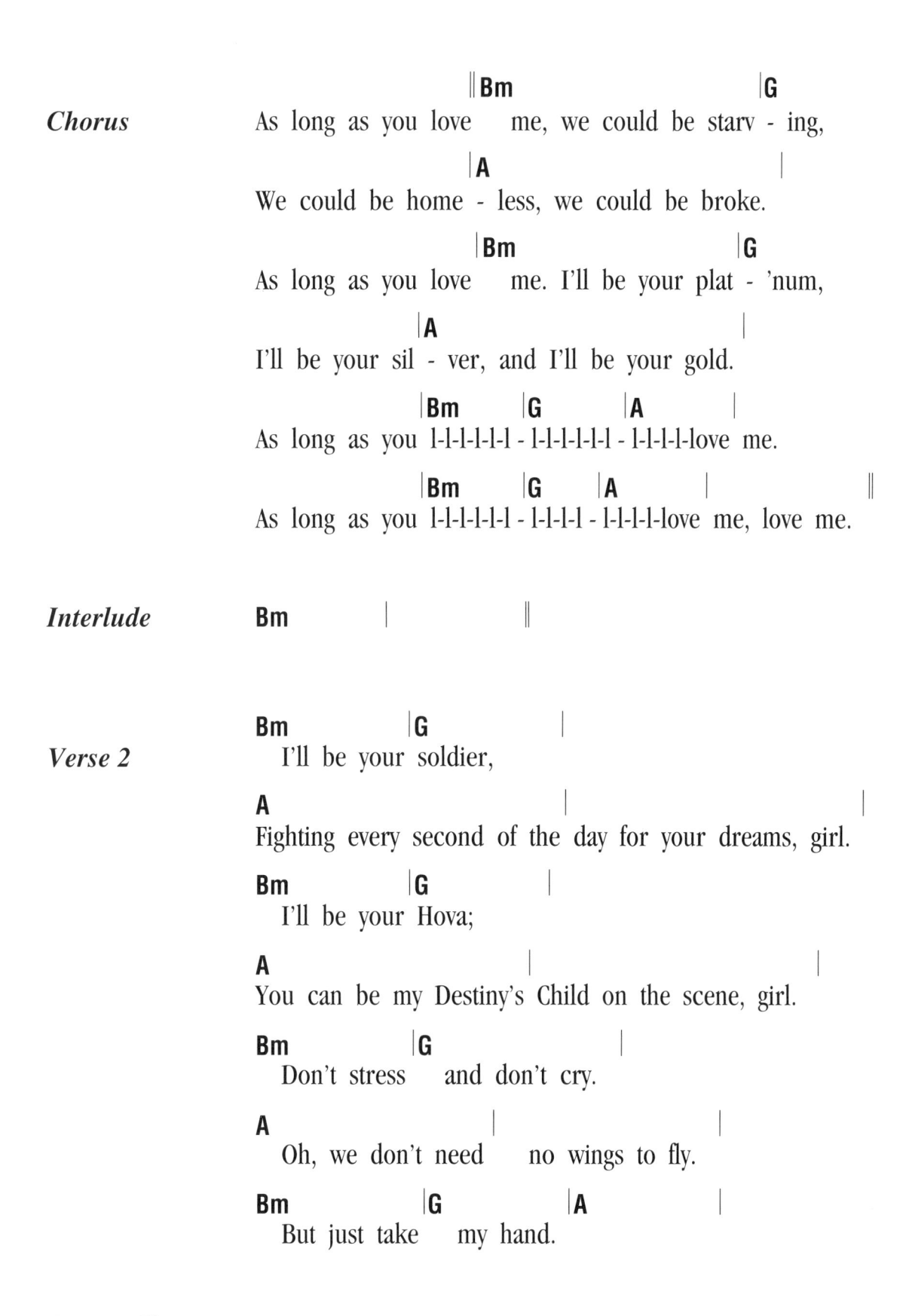

Chorus

```
                        ‖Bm                      |G
      As long as you love   me, we could be starv - ing,
                         |A                       |
      We could be home - less, we could be broke.
                         |Bm                      |G
      As long as you love   me. I'll be your plat - 'num,
                         |A                       |
      I'll be your sil - ver, and I'll be your gold.
                        |Bm      |G       |A      |
      As long as you l-l-l-l-l-l - l-l-l-l-l-l - l-l-l-l-love me.
                        |Bm      |G       |A      |             ‖
      As long as you l-l-l-l-l-l - l-l-l-l - l-l-l-l-love me, love me.
```

Interlude

```
      Bm              |            ‖
```

Verse 2

```
      Bm              |G           |
        I'll be your soldier,

      A               |                          |
      Fighting every second of the day for your dreams, girl.

      Bm              |G           |
        I'll be your Hova;

      A               |                          |
      You can be my Destiny's Child on the scene, girl.

      Bm              |G           |
        Don't stress    and don't cry.

      A               |                          |
        Oh, we don't need    no wings to fly.

      Bm              |G          |A             |
        But just take    my hand.
```

Repeat Chorus

Bridge

```
         Bm                                  G              A
         I don't know if this makes sense, but   you're my hallelujah.
                 |A                           |Bm
         Give me a time and place; I'll rendezvous and I'll fly you to it.
                        |G                |A
         I'll beat you there, girl; you know I got you; us, trust.
                |A
         A couple of things I can't spell without you.
           |Bm                    |G
         Now we all on top of the world;   that's just how we do.
             |A
         Used to tell me sky's the limit.
             |A
         Now the sky's our point of view.
           |Bm                       |
         Now we stepping out like, oh God.
         G
         Cameras point and shoot.
             |A
         Ask me what's my best side.
            |A                           |
         I stand back and point at you, you.
         Bm
         You the one that I argue with.
              |G
         Feel like I need a new girl to be bothered with.
             |A                                   |
         But this grass ain't always greener on the other side.

         It's green where you water it.
            |Bm               |G
         So I know we got issues, baby, true, true, true.
                   |A
         But I'd rather work on this with you
                      |A
         Than to go 'head and start with someone new.
```

Repeat Chorus

Outro
```
                        ‖Bm          |G
         As long as you love   me, you love   me,
               |A            |
         You love   me, yeah.
                        |Bm          |G
         As long as you love   me, you love   me,
               |A            |
         You love   me, yeah.
                  N.C.  |            ‖
         As long as you love   me.
```

Diamonds

Words and Music by
Sia Furler, Tor Hermansen,
Mikkel Eriksen
and Benjamin Levin

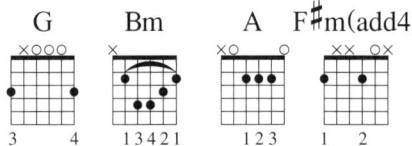

Intro

    G   **|Bm**
Shine bright like a diamond,

    A   **F♯m(add4)**
Shine bright like a diamond.

Verse 1

    G   **|Bm**
Find light in the beautiful sea;

I choose to be happy.

    A
You and I, you and I,

    F♯m(add4)   **|G**
We're like diamonds in the sky.

                      |Bm
You're a shooting star I see,

A vision of ecstasy.

    A
When you hold me, I'm a - live;

    F♯m(add4)   **‖G**
We're like diamonds in the sky.

© 2012 EMI MUSIC PUBLISHING LTD., MATZA BALLZACK MUSIC, LOTZAH MATZAH SONGS LLC and WHERE DA KASZ AT?
All Rights for EMI MUSIC PUBLISHING LTD. in the U.S. and Canada Controlled and Administered by EMI APRIL MUSIC INC.
All Rights for MATZA BALLZACK MUSIC, LOTZAH MATZAH SONGS LLC and WHERE DA KASZ AT? Administered by SONGS OF KOBALT MUSIC PUBLISHING
All Rights Reserved   Used by Permission

Verse 2

|Bm |A
I knew that we'd become one right away,
   |A   F♯m(add4) |
Oh, right away.
  G |Bm |A
  At first sight I felt the energy of sun rays;
|A
I saw the life in - side…

Pre-Chorus

        ‖G |Bm |A
So shine bright to - night, you and I.
    |A   F♯m(add4) |G
We're beautiful like diamonds in the sky.
  |Bm |A
Eye to eye, so a - live;
   |A   F♯m(add4)   ‖G
We're beautiful like diamonds in the sky.

Chorus 1

                      |
Shine bright like a diamond.
Bm |
  Shine bright like a diamond.
A
  Shining bright like a diamond.
   |A   F♯m(add4)   ‖G
We're beautiful like diamonds in the sky.

Repeat Chorus 1

Verse 3

     G
     Palms rise to the universe

Bm
As we moonshine and molly.

A
   Feel the warmth; we'll never die.

       F♯m(add4)   **G**
We're like diamonds in the sky.

              Bm
You're a shooting star I see,

A vision of ecstasy.

A
   When you hold me, I'm a - live;

      F♯m(add4)   **G**
We're like diamonds in the sky.

   Bm   **A**
At first sight I felt the energy of sun rays;

A   **F♯m(add4)**
I saw the life in - side…

Repeat Pre-Chorus

Repeat Chorus 1 (2x)

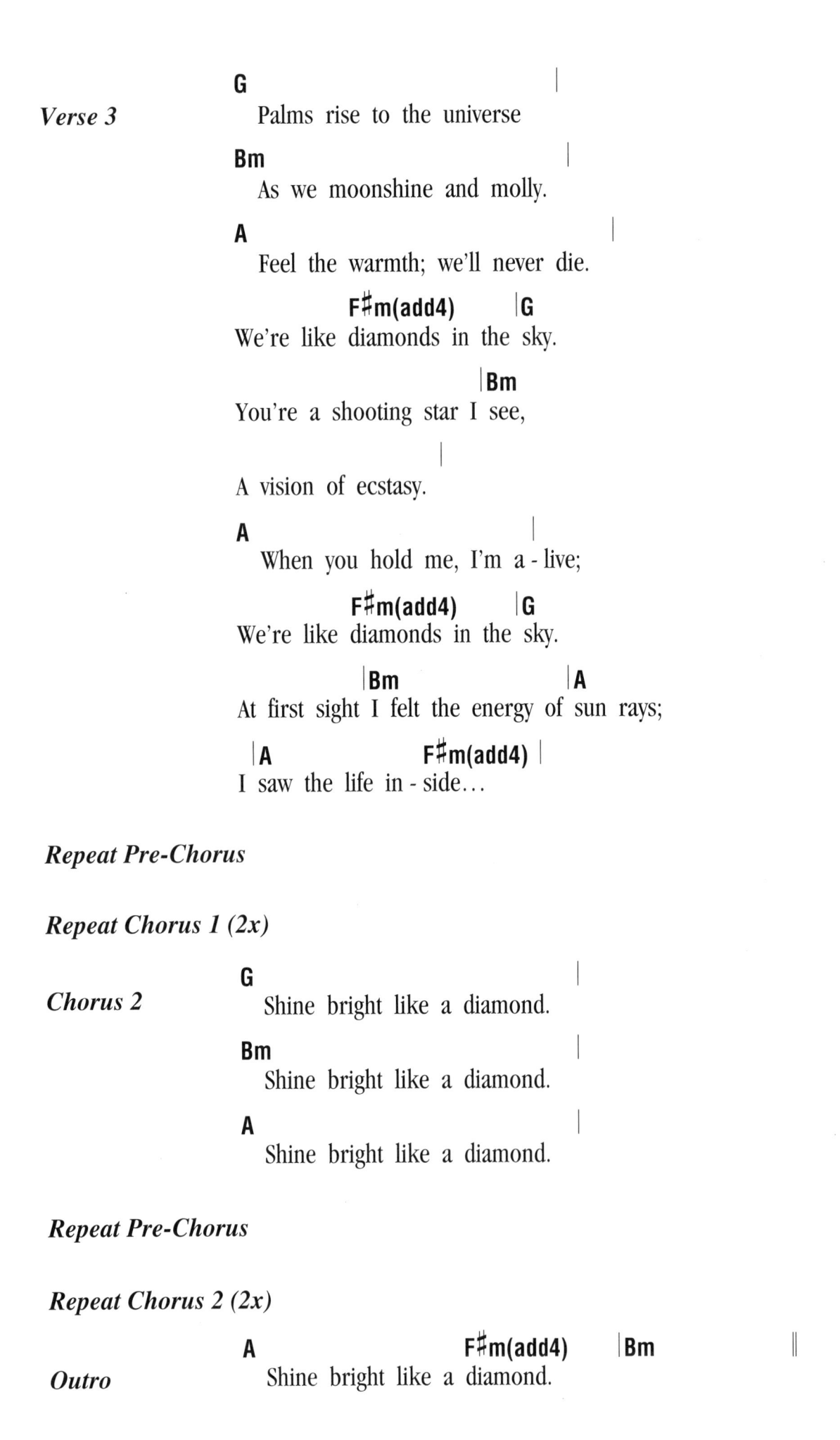

Chorus 2

    G
    Shine bright like a diamond.

Bm
   Shine bright like a diamond.

A
   Shine bright like a diamond.

Repeat Pre-Chorus

Repeat Chorus 2 (2x)

Outro

    A   **F♯m(add4)**   **Bm**
Shine bright like a diamond.

Don't Stop Believin'

Words and Music by
Steve Perry, Neal Schon and Jonathan Cain

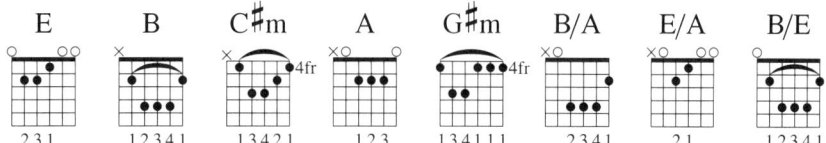

Verse 1

    E |**B** |
Just a small town girl,

C#m |**A** |
Livin' in a lonely world.

    E |**B**
She took the midnight train

|**G#m** |**A** ||
Goin' anywhere.

Verse 2

    E |**B** |
Just a city boy,

C#m |**A** |
Born and raised in south Detroit.

    E |**B**
He took the midnight train

|**G#m** |**A** ||
Goin' anywhere.

Copyright © 1981 Lacey Boulevard Music (BMI) and Weed-High Nightmare Music (BMI)
All Rights for Weed-High Nightmare Music Administered by Wixen Music Publishing Inc.
International Copyright Secured   All Rights Reserved

Interlude   E |B |C#m |A |

                E |B |G#m |A ||

Verse 3
E |B |
　A singer in a smoky room,

C#m |A |
　A smell of wine and cheap perfume.

E |B |
　For a smile they can share the night.

　　　　　|G#m |A ||
It goes on and on and on   and on.

Chorus
B/A   A |B/A E/A |B/E E |B/E   E
Stran-gers   wait-ing   up and down the boule-vard,

　|B/A   A |B/A E/A |B/E   E |B/E   E |
Their shad-ows   search-ing in the night.

B/A   A |B/A E/A |B/E E |B/E   E |
Street-lights, peo-ple   living just to find e-motion,

B/A   A |B/A E/A |B   E |B   E A ||
Hid-ing   some-where in the night.

Interlude   E |B |C#m |A ||

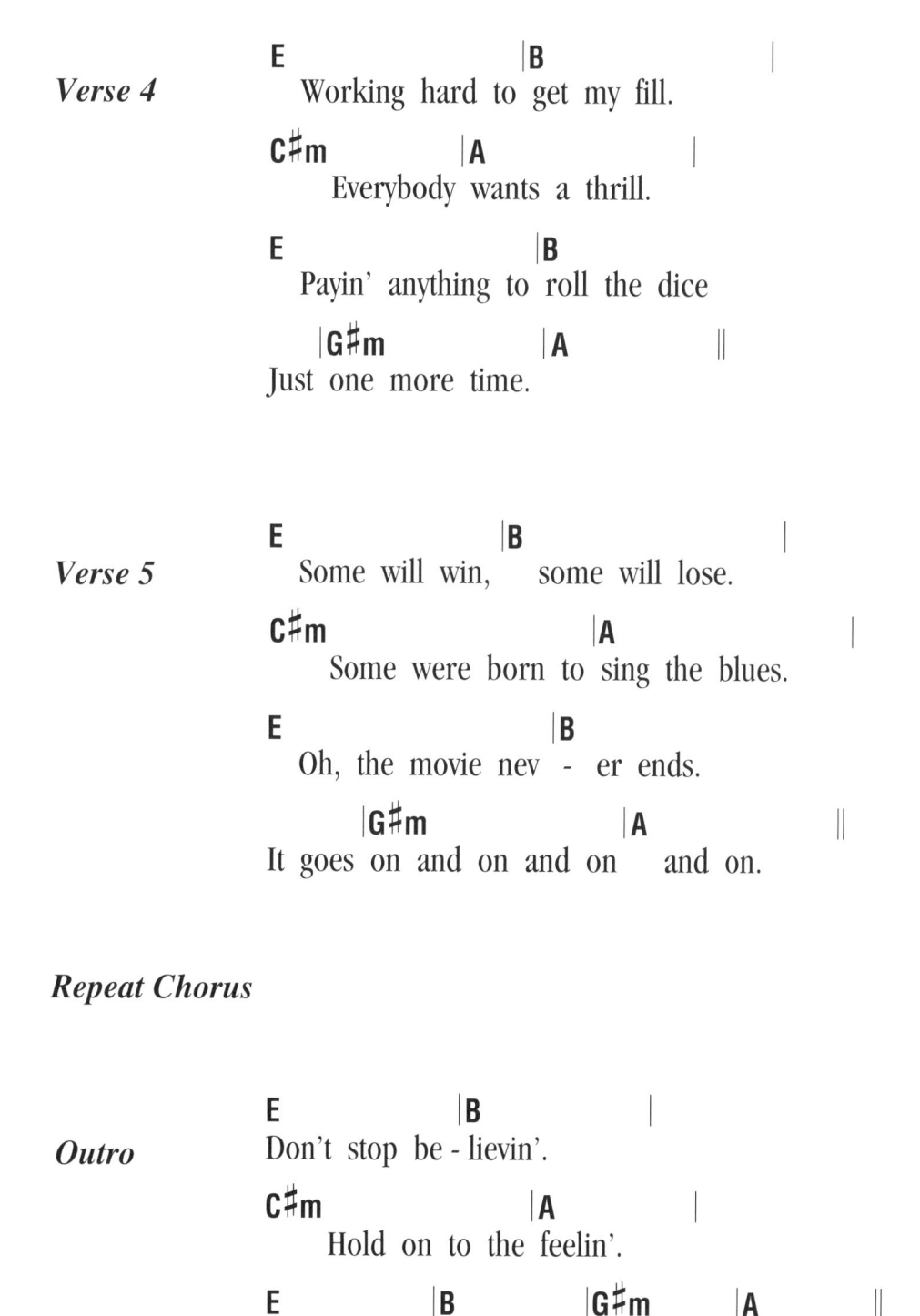

Verse 4

```
         E                  |B              |
            Working hard to get my fill.
         C#m         |A              |
            Everybody wants a thrill.
         E                  |B              |
            Payin' anything to roll the dice
          |G#m          |A           ||
         Just one more time.
```

Verse 5

```
         E                  |B              |
            Some will win,   some will lose.
         C#m                |A              |
            Some were born to sing the blues.
         E                  |B              |
            Oh, the movie nev - er ends.
          |G#m             |A           ||
         It goes on and on and on    and on.
```

Repeat Chorus

Outro

```
         E              |B         |
            Don't stop be-lievin'.
         C#m            |A         |
            Hold on to the feelin'.
         E         |B       |G#m    |A        ||
         Streetlight,  people.
```

Repeat Outro (2x)

Everlong

Words and Music by David Grohl

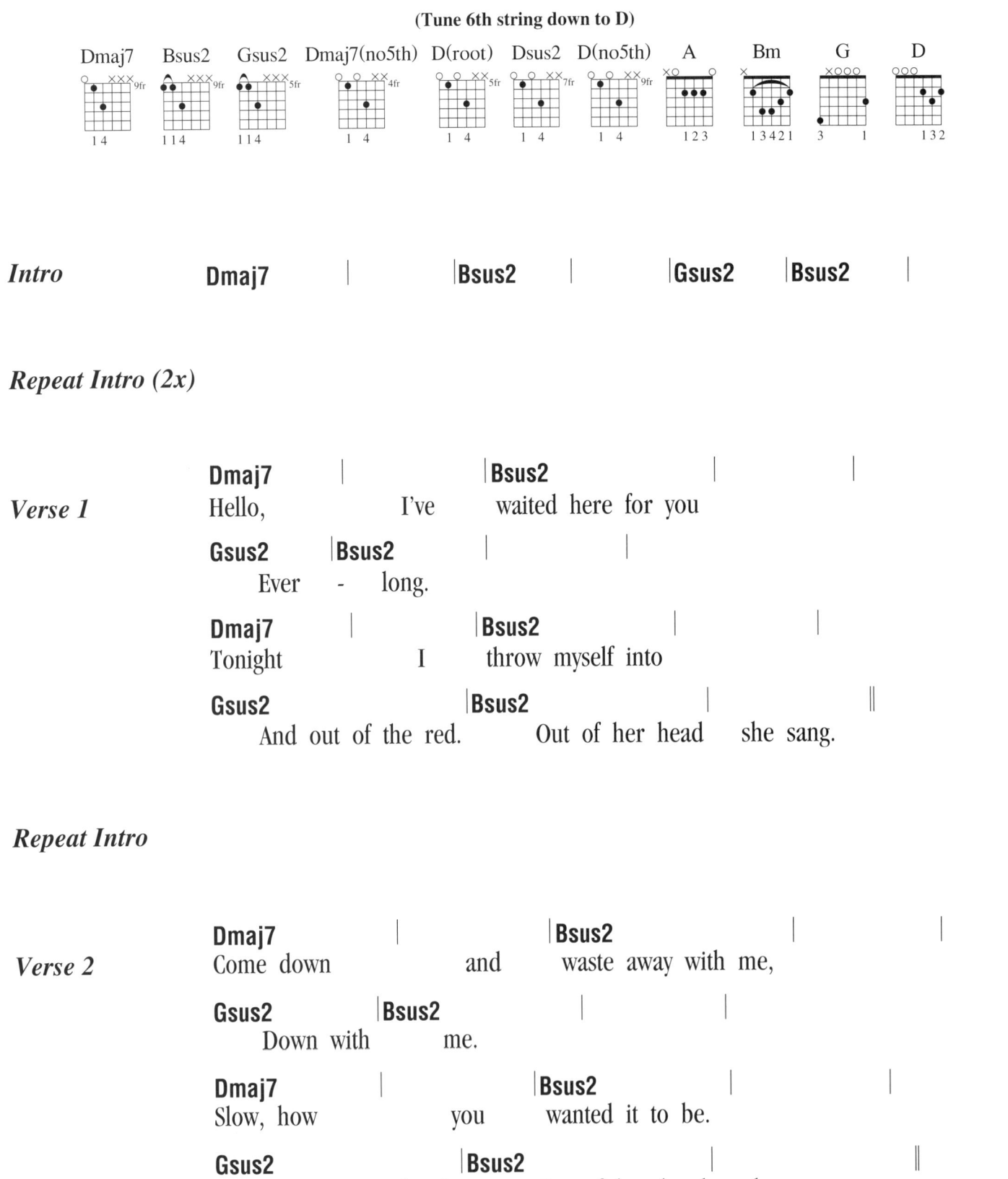

Intro Dmaj7 | Bsus2 | Gsus2 Bsus2 ||

Repeat Intro (2x)

Verse 1
Dmaj7 | Bsus2
Hello, I've waited here for you
Gsus2 | Bsus2
Ever - long.
Dmaj7 | Bsus2
Tonight I throw myself into
Gsus2 | Bsus2
And out of the red. Out of her head she sang.

Repeat Intro

Verse 2
Dmaj7 | Bsus2
Come down and waste away with me,
Gsus2 | Bsus2
Down with me.
Dmaj7 | Bsus2
Slow, how you wanted it to be.
Gsus2 | Bsus2
I'm over my head. Out of her head she sang.

© 1997 M.J. Twelve Music
All Rights Administered by WARNER-TAMERLANE PUBLISHING CORP.
All Rights Reserved Used by Permission

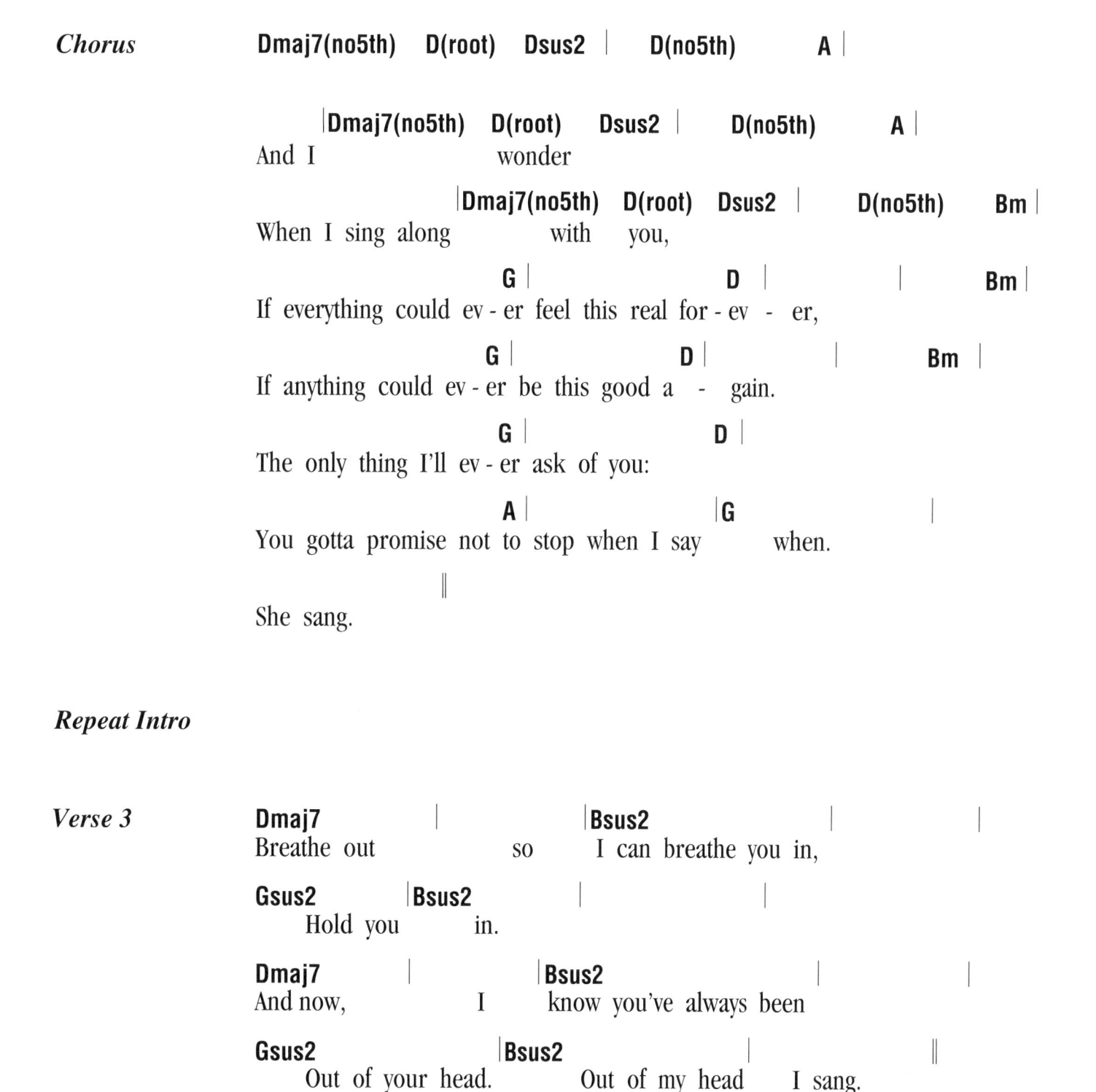

Chorus |Dmaj7(no5th)   D(root)   Dsus2 | D(no5th)   A |

```
                     |Dmaj7(no5th)   D(root)   Dsus2 |    D(no5th)          A |
And  I                              wonder
                          |Dmaj7(no5th)   D(root)  Dsus2 |   D(no5th)         Bm |
When  I  sing  along                   with      you,
                                   G |                    D |              |   Bm |
If  everything  could  ev - er  feel  this  real  for - ev  -  er,
                               G |              D |                Bm |
If  anything  could  ev - er  be  this  good  a  -  gain.
                          G |                    D |
The  only  thing  I'll  ev - er  ask  of  you:
                                 A |                  |G                      |
You  gotta  promise  not  to  stop  when  I  say         when.
                                 ‖
She  sang.
```

Repeat Intro

Verse 3   **Dmaj7** |**Bsus2** | |
                  Breathe out   so   I can breathe you in,

                  Gsus2 |**Bsus2** | |
                    Hold you   in.

                  Dmaj7 |**Bsus2** | |
                  And now,   I   know you've always been

                  Gsus2 |**Bsus2** | ‖
                    Out of your head.   Out of my head   I sang.

Repeat Chorus

Repeat Intro (2x)

Outro   **Dmaj7(no5th)**   **D(root)**   **Dsus2** | **D(no5th)** |

                Dmaj7(no5th)   **D(root)**   **Dsus2** | **D(no5th)**

|**Dmaj7(no5th)** **D(root)** **Dsus2** | **D(no5th)**   **Bm**|
And I   wonder

                       G| **D**| | **Bm**|
If everything could ev - er feel this real for - ev - er,

                 G| **D**| | **Bm**|
If anything could ev - er be this good a - gain.

               G| **D**|
The only thing I'll ev - er ask of you:

                  A| **G** |
You gotta promise not to stop when I say   when.
G | | | ||

Forget You

Words and Music by
Bruno Mars, Ari Levine, Philip Lawrence, Thomas Callaway and Brody Brown

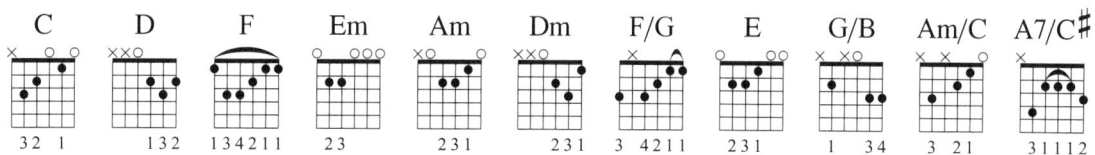

Intro | C | D | F | C |

Chorus
```
        ||C                              D |
        I see you driving 'round town with the girl I love
          F                    C |
        And I'm like, "Forget you!"    (Ooh, ooh, ooh.)
         |C                           D |
        I guess the change in my pocket   wasn't enough.
          F                         C |
        I'm like, "Forget you! And for-get her too."
         C              D                F |
        Said, if I was richer, I'd still be with ya.
        F                              C |
          Ha, now ain't that some sh…?    (Ain't that some sh…?)
         |C                D |                          F |
        And although there's pain in my chest I still wish you the best with her.
         F         C |
          Forget you!   (Ooh, ooh, ooh.)
```

© 2010 MARS FORCE MUSIC (ASCAP), BUGHOUSE (ASCAP), TOY PLANE MUSIC (ASCAP), ART FOR ART'S SAKE MUSIC (ASCAP), CHRYSALIS SONGS (BMI)
o/b/o CHRYSALIS SONGS LTD. (PRS), GOD GIVEN MUSIC (BMI), ROC NATION MUSIC (ASCAP),
MUSIC FAMAMANEM (ASCAP), WESTSIDE INDEPENDENT MUSIC PUBLISHING, LLC (ASCAP), LATE 80'S MUSIC (ASCAP),
NORTHSIDE INDEPENDENT MUSIC PUBLISHING LLC (ASCAP) and THOU ART THE HUNGER (ASCAP)
All Rights for MARS FORCE MUSIC, BUGHOUSE, TOY PLANE MUSIC and ART FOR ART'S SAKE MUSIC Administered by BUG MUSIC INC., a BMG CHRYSALIS COMPANY
All Rights for CHRYSALIS SONGS and GOD GIVEN MUSIC Administered by CHRYSALIS MUSIC GROUP INC., a BMG CHRYSALIS COMPANY
All Rights for ROC NATION MUSIC and MUSIC FAMAMANEM Administered by EMI APRIL MUSIC INC.
All Rights for LATE 80'S MUSIC Controlled and Administered by WESTSIDE INDEPENDENT MUSIC PUBLISHING, LLC
All Rights for THOU ART THE HUNGER Controlled and Administered by NORTHSIDE INDEPENDENT MUSIC PUBLISHING, LLC
All Rights Reserved   Used by Permission

Verse 1

```
       ‖C                D  |        F      |
       Yeah, I'm sorry, I can't afford a Fer - rari,
        |F                              C       |
       But that don't mean I can't get you there.
              |C                D      |
       I guess he's an Xbox and I'm more like A - tari.
          F      |                          C    |
       Mm, but the way you play your game ain't fair.
```

Verse 2

```
                   ‖C
       I pity the fool
        D    |              F    |                            C       |
       That falls in love with you, oh.   (Oh, sh… she's a gold digger.) Well…
       C                                  |
         (Just thought you should know, nigga.) Ooh.
        D   |                  F  |                  C  |
       I've got some news for you:  Yeah, go run and tell your little boyfriend.
```

Repeat Chorus

Verse 3

```
       ‖C              D  |       F   |
       Now I know that I had to borrow,
        F                           C   |
       Beg and steal and lie and cheat.
         |C              D  |
       Trying to keep ya, trying to please ya,
        F     |                            C  |
       'Cause being in love with your ass ain't cheap.
```

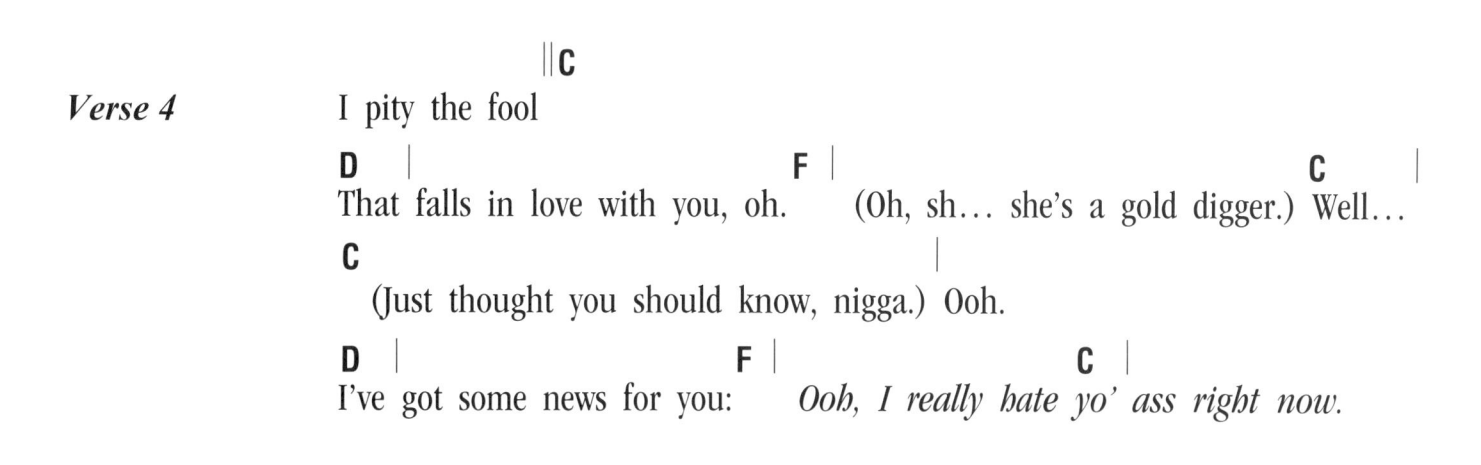

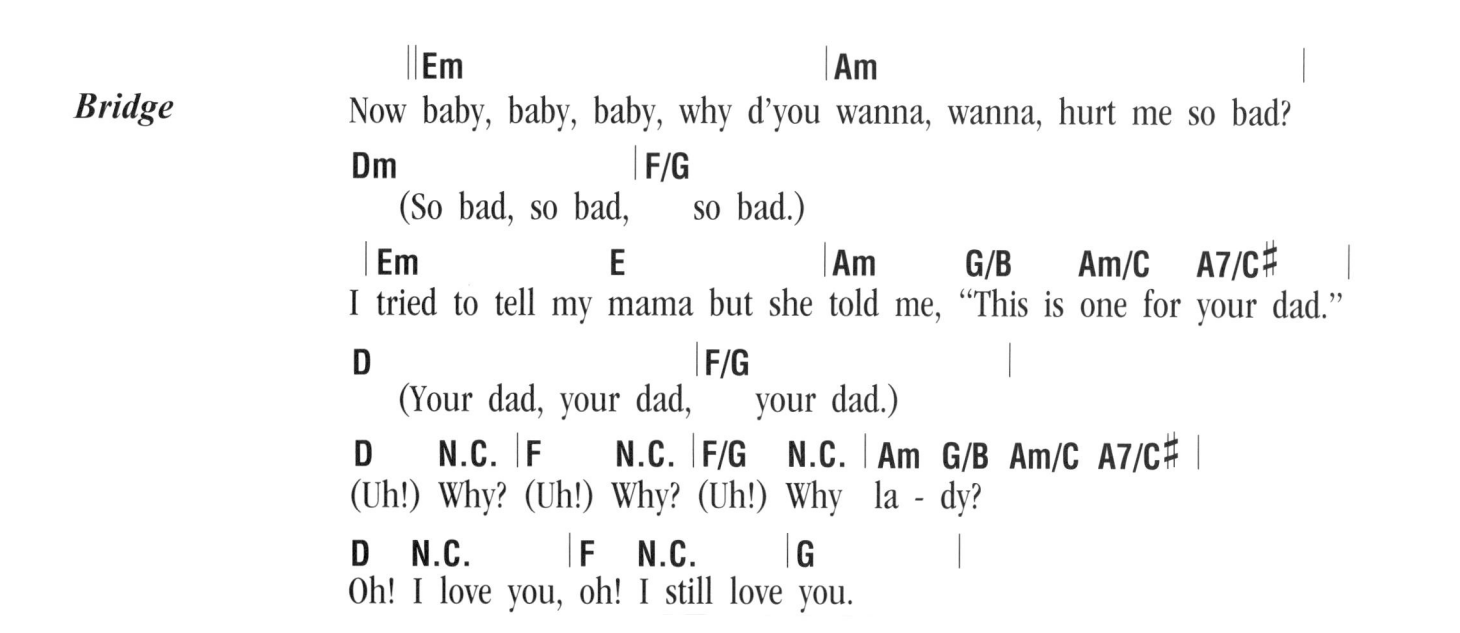

Verse 4

```
              ‖C
I pity the fool
   D                          F                             C
That falls in love with you, oh.    (Oh, sh… she's a gold digger.) Well…
C                             |
   (Just thought you should know, nigga.) Ooh.
   D                 F              C
I've got some news for you:   Ooh, I really hate yo' ass right now.
```

Repeat Chorus

Bridge

```
            ‖Em                   |Am                        |
Now baby, baby, baby, why d'you wanna, wanna, hurt me so bad?
   Dm              |F/G
   (So bad, so bad,    so bad.)
   |Em         E       |Am    G/B    Am/C   A7/C♯   |
I tried to tell my mama but she told me, "This is one for your dad."
   D               |F/G               |
   (Your dad, your dad,   your dad.)
   D    N.C. |F    N.C. |F/G  N.C. |Am  G/B  Am/C  A7/C♯ |
(Uh!) Why? (Uh!) Why? (Uh!) Why  la - dy?
   D   N.C.    |F    N.C.   |G             |
Oh! I love you, oh! I still love you.
```

Repeat Chorus

Goodbye in Her Eyes

Words and Music by
Zac Brown, Wyatt Durrette,
Sonia Leigh
and John Driskell Hopkins

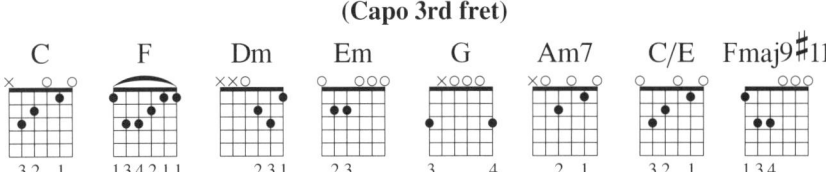

(Capo 3rd fret)

Intro

| C | F | C | F |

Verse 1

```
           ||C                    |
      I could tell that it was over
      F                |C      |F
      When her lips met mine.
               |C                    |
      There was an emptiness in her voice,
      F                |C      |F
      Hesitation when she smiled.
         |C                    |
      She didn't have to say a word;
      Dm                   |Em     |F
      It was just so plain to see.
         |C                              |
      She had found what she'd been looking for,
      G                    |C
      And I knew it wasn't me.
```

24

Copyright © 2012 Weimerhound Publishing, Lil Dub, Angelika Music, Southern Ground and Brighter Shade
All Rights Reserved   Used by Permission

Chorus 1

```
          F                    ‖C        |F
             I saw goodbye in her eyes.
                              |C              |
          I don't think I can change    it.
          F                       |C        |F
              There's no way to disguise
                          |C        |F         ‖
          We will never make   it.
```

Interlude   `C      |F     |C     |F     ‖`

Verse 2

```
          C                           |
          Sometimes I feel like a clown
          F                      |C        |F
              Who can't wash off his make - up.
           |C                          |
          The life she wanted, it was gone;
              F              |C         |F
              Prince Charming I was - n't.
           |C                             |
          But I would trade a thousand Babylons
          F                    |C         |F
             To be in her arms tomor - row.
              |C                                  |G
          Oh, but like the tide her love has come and gone,
                              |C           |
          And it's time for me to go.
```

Chorus 2

```
            F                    ‖C        |F
            I saw goodbye in her eyes.
                                 |C        |
            I don't think I can change   it.
            F                    |C        |F
            There's no way to disguise
                                 |C        |F
            We will never make   it.
                  |C                       |
            Should I hold on to what we've got?
            F                    |Am7      |F        |
            Is it just a waste of time?
            C                              |
            One thing that I know for sure,
            G                    |C        |
            I saw goodbye in her eyes.
            F                    |C        |F       ‖
            I saw goodbye in her eyes.
```

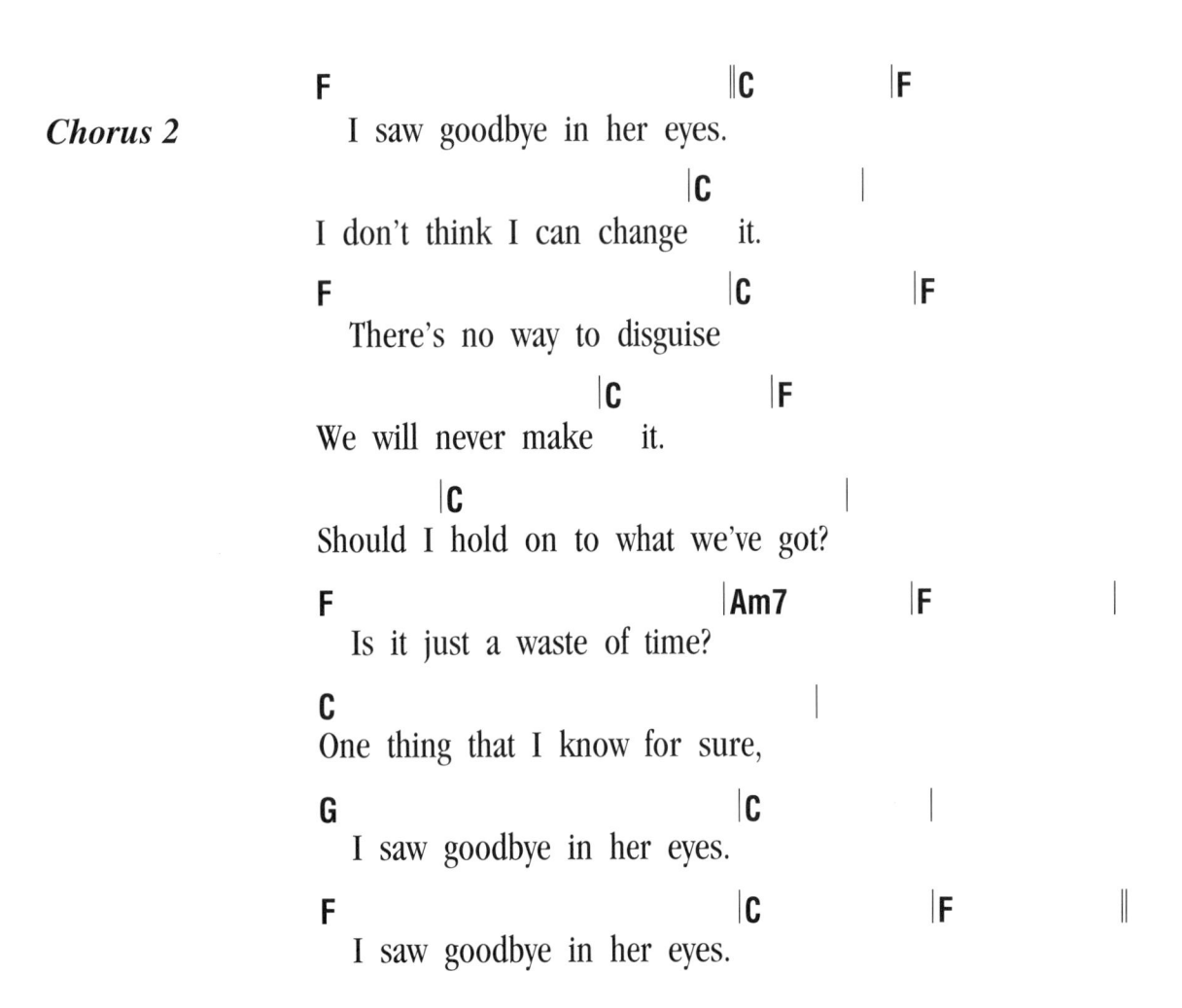

Repeat Interlude

Bridge

```
         F                    |C/E          |
          I know you got somebody new now.
         F                        |Am      G |
          All my candles have burned out.
         F                     |C
          He's gonna love the way you shine.
              |G
         So did I.
                |Am7     G    |Am7     G     |
         So don't smile at me if it ain't what you mean
         N.C.                          |C         |
         (Goodbye), with that goodbye in your eyes.
         F                  |C          |
          I know that I can't change   it.
         F                        |C          |F
          There's no way to disguise
                     |C          |
         We will never make   it.
```

Chorus 3

```
              F                    ‖C        |F
                 I saw goodbye in your eyes.
                                |C        |F
I know that I can't change    it.
         |C            |
Should I hold on?
F                      |
  (We will never make…
C              |F
Now you see right through me.)
         |C            |
Should I hold on?
F                      |Am         G |F          |
  Is it just a waste of time?
C                             |
One thing that I know for sure,
G                        ‖
  I saw goodbye in your eyes.
```

Outro

```
         C   |F                   |C        |F
              I saw goodbye in your eyes.
         |C             |Fmaj9♯11         ‖
I know that it's over.
```

Hey, Soul Sister

Words and Music by
Pat Monahan, Espen Lind
and Amund Bjorkland

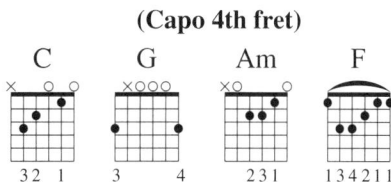

(Capo 4th fret)

Intro

     C |G |Am |F
     Hey, hey,   hey.

Verse 1

    ||C
     Your lipstick stains
   G |Am
    On the front lobe of my left-side brains.
   F |C
    I knew I wouldn't for - get you,
         |G |Am |F G
    And so I went and let you blow my mind.
      |C
    Your sweet moonbeam,
   G |Am |F
    The smell of you in every single dream I dream.
      |C |G
    I knew when we collid - ed you're the one I have de - cided
       |Am |F G ||
    Who's one of my kind.

© 2009 EMI APRIL MUSIC INC., BLUE LAMP MUSIC and STELLAR SONGS LTD.
All Rights for BLUE LAMP MUSIC Controlled and Administered by EMI APRIL MUSIC INC.
All Rights for STELLAR SONGS LTD. in the U.S. and Canada Controlled and Administered by EMI BLACKWOOD MUSIC INC.
All Rights Reserved International Copyright Secured Used by Permission

Chorus 1

```
            F
Hey, soul sister,
     |G       C    G   |F
Ain't   that Mister Mister on the radio, stereo?
     |G           C        G    |
The way  you move ain't fair, you know.
    F
Hey, soul sister,
     |G       C    G   |F          |G              ||
I    don't wanna miss a single thing you do        tonight.
```

Repeat Intro

Verse 2

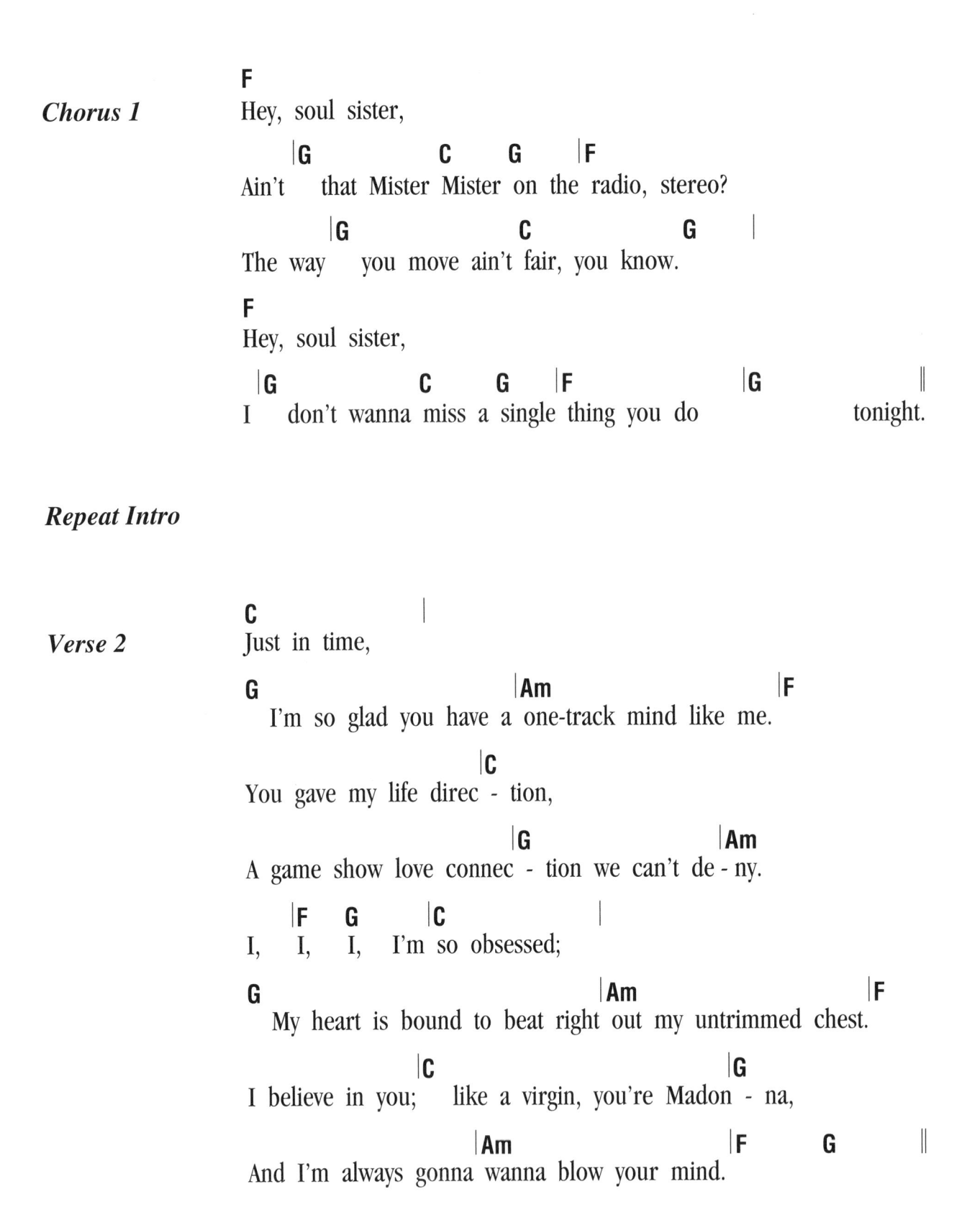

```
          C          |
Just in time,
  G                      |Am                    |F
   I'm so glad you have a one-track mind like me.
                         |C
You gave my life direc - tion,
                         |G            |Am
A game show love connec - tion we can't de - ny.
   |F   G    |C           |
I,  I,  I,  I'm so obsessed;
  G                       |Am                    |F
   My heart is bound to beat right out my untrimmed chest.
                    |C               |G
I believe in you;   like a virgin, you're Madon - na,
                    |Am              |F    G    ||
And I'm always gonna wanna blow your mind.
```

Repeat Chorus 1

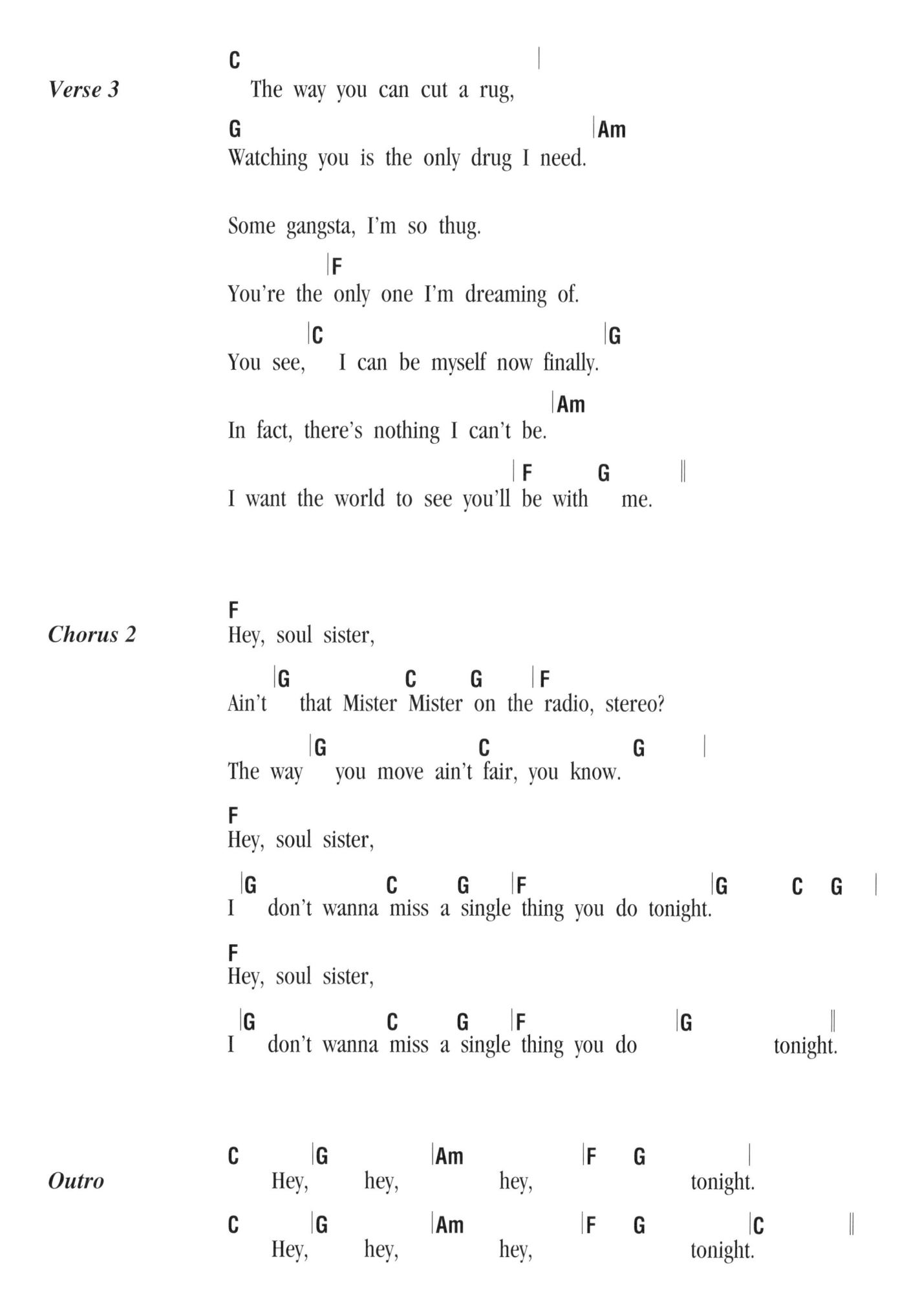

Verse 3

```
          C                          |
     The way you can cut a rug,
G                                |Am
Watching you is the only drug I need.

Some gangsta, I'm so thug.
          |F
You're the only one I'm dreaming of.
          |C                     |G
You see,   I can be myself now finally.
                              |Am
In fact, there's nothing I can't be.
                         |F      G      ||
I want the world to see you'll be with   me.
```

Chorus 2

```
F
Hey, soul sister,
     |G         C   G  |F
Ain't   that Mister Mister on the radio, stereo?
     |G          C       G      |
The way  you move ain't fair, you know.
F
Hey, soul sister,
 |G         C   G  |F                |G     C  G  |
I  don't wanna miss a single thing you do tonight.
F
Hey, soul sister,
 |G         C   G  |F              |G            ||
I  don't wanna miss a single thing you do         tonight.
```

Outro

```
     C     |G      |Am         |F    G       |
     Hey,  hey,    hey,             tonight.
     C     |G      |Am         |F    G    |C       ||
     Hey,  hey,    hey,             tonight.
```

Half of My Heart

Words and Music by
John Mayer

(Capo 3rd fret)

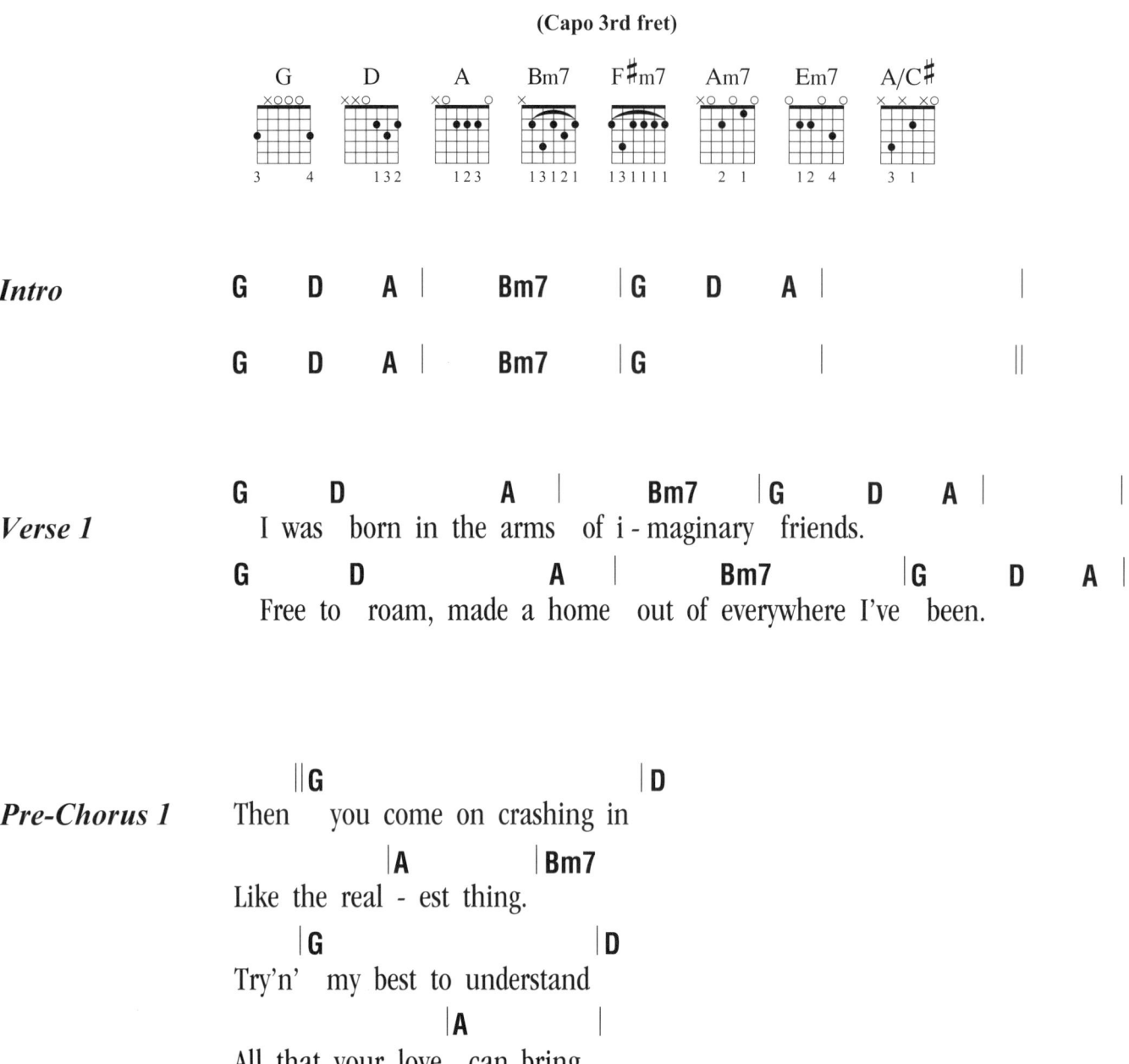

Intro | G D A | Bm7 | G D A | |
            | G D A | Bm7 | G | ||

Verse 1

     G   D   A | Bm7 | G D A |
I was born in the arms of i - maginary friends.

    G   D   A | Bm7 | G D A |
Free to roam, made a home out of everywhere I've been.

Pre-Chorus 1

||G |D
Then you come on crashing in

   |A |Bm7
Like the real - est thing.

|G |D
Try'n' my best to understand

   |A |
All that your love can bring.

Chorus 1

```
     ‖G        D         A   | Bm7         |
Oh, half of my heart's got a grip   on the situation,
     G        D         A   |             |
Half of my heart takes time.
     G        D         A   |  Bm7        |
Half of my heart's got a right   mind to tell you
        |G           |             |
That I can't keep loving you (can't keep loving you),
     G        A       ‖
  Oh, with half of my heart.
```

Interlude

```
D    A   |Bm7   G   |D    A   |Bm7   G   ‖
```

Verse 2

```
   G    D        A   |   Bm7     |G    D    A  |        |
I was  made to be-lieve  I'd never love somebody else.
   G    D         A  |   Bm7     |G    D    A  |
Made a plan, stay the man   who can only love him-self.
```

Pre-Chorus 2

```
        ‖G                  |D
Lone - ly was the song I sang
              |A         |Bm7
Till the day   you came,
              |G                  |D
And show - ing me another way
              |A         |
And all that my love   can bring.
```

Repeat Chorus 1

```
     D    A   |Bm7   G   |D    A   |Bm7   G
              With half of my heart.
```

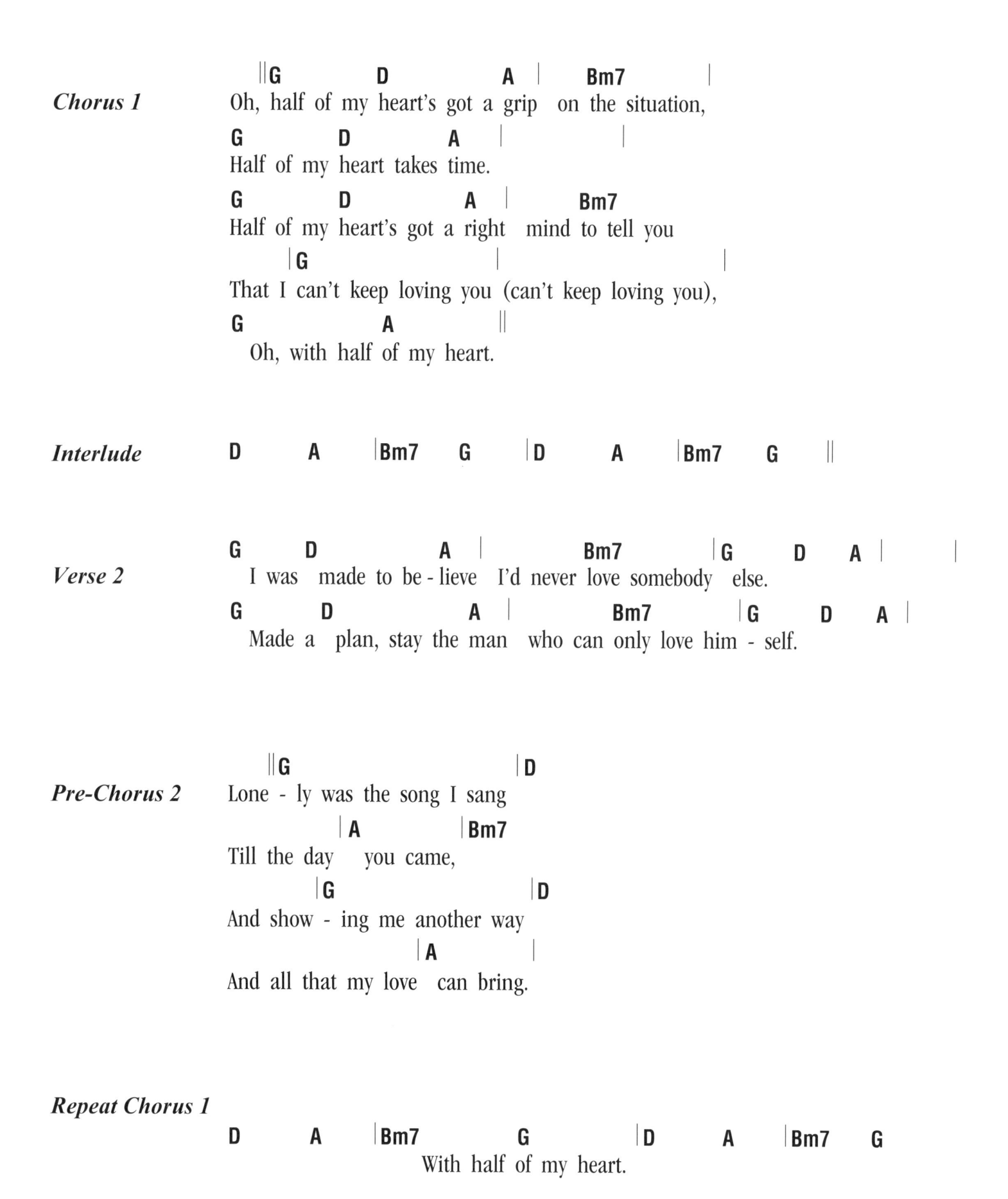

33

Bridge

           ‖D |F♯m7
Your faith   is strong
          |Am7 |Em7
But I can only fall short for so long.
           |D |F♯m7
Down the road   later on,
     |Am7 |Em7
You will hate that I never gave more to you
     |G
Than half of my heart.
   |A/C♯
But I can't stop loving you (I can't stop loving you).
|G
I can't stop loving you (I can't stop loving you).
 |A/C♯
I can't stop loving you with half of my,
G   D   A | Bm7 |G   D   A | ‖
Half of my heart,   oh, half of my heart.

Chorus 2

    G   D   A | Bm7
Half of my heart's got a real good imagination,
G   D   A |
Half of my heart's got you.
G   D   A | Bm7
Half of my heart's got a right mind to tell you
 |G   D   A|
That half of my heart won't do.
G   D   A | Bm7
Half of my heart is a shot - gun wedding
     |G   D   A|
To a bride with a paper ring.
 |G   D   A | Bm7
And half of my heart is the part of a man
         |G   D   A| ‖
Who's never truly loved anything.

Outro	**G D A |**	**Bm7 |G D A |**	**|**
	Half of my heart,	oh, half of my heart.	
	G D A |	**Bm7 |G D A |**	**|**
	Half of my heart,	oh, half of my heart.	
	G D A |	**Bm7 |G D A |**	**|**
	Half of my heart,	oh, half of my heart.	
	G D A |	**Bm7 |G D A |**	**|D ||**
	Half of my heart,	oh, half of my heart.	

Haven't Met You Yet

Words and Music by
Michael Buble, Alan Chang
and Amy Foster

(Capo 1st fret)

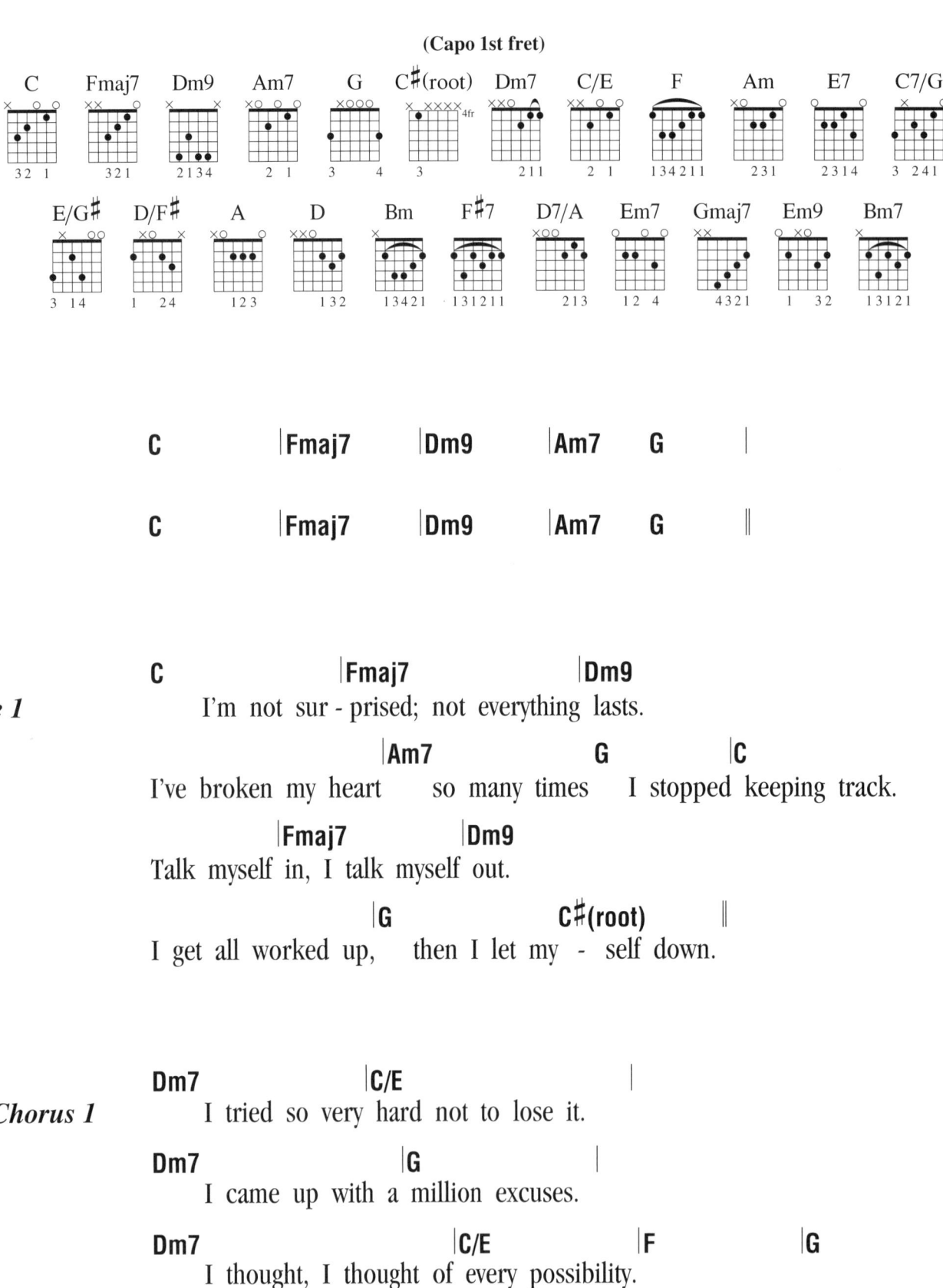

Intro

| C | Fmaj7 | Dm9 | Am7 G |

| C | Fmaj7 | Dm9 | Am7 G ||

Verse 1

C |Fmaj7 |Dm9
I'm not sur - prised; not everything lasts.
               |Am7   G |C
I've broken my heart   so many times   I stopped keeping track.
         |Fmaj7 |Dm9
Talk myself in, I talk myself out.
              |G   C#(root) ||
I get all worked up,   then I let my - self down.

Pre-Chorus 1

Dm7 |C/E
I tried so very hard not to lose it.

Dm7 |G
I came up with a million excuses.

Dm7 |C/E |F |G
I thought, I thought of every possibility.

Chorus 1

```
              ‖F           G          |C
And I know someday    that it'll all    turn out.
              |F           G          |Am
You'll make me work   so we can work   to work it out,
       |Dm7           E7
And I prom - ise you, kid,
       |Am           C7/G        |F
That I give    so much more    than I get.
|G              |C       |Fmaj7  |Dm9    |Am7    G    ‖
I just haven't met you yet.
```

Verse 2

```
       C           |Fmaj7         |Dm9
    I might have to wait; I'll never give up.
                   |Am7        G         |C
I guess it's half tim - ing and the other half's luck.
                |Fmaj7        |Dm9
Wherever you are, whenever it's right,
                |G              |C♯(root) ‖
You'll come out of no - where and into my life.
```

Pre-Chorus 2

```
Dm7                    |C/E            |
    And I know that we can be so amazing,
Dm7              |G                |
   And baby, your love is gonna change me.
Dm7                |C/E         |F           |G
   And now I can see every possibility.
```

Chorus 2

```
             ‖F           G          |C
And somehow I know    that it'll all    turn out.
                   |F           G           |Am
You'll make me work    so we can work    to work it out.
         |Dm7           E7
And I prom - ise you, kid,
 |Am              C7/G         |F
I'll give so much more     than I get.
 |G              ‖Am
I just haven't met you yet.
```

Bridge

```
     |E/G♯    |C7/G
They say all's fair
   |D/F♯    |Dm7
In love and war,
                 |C/E
But I won't need    to fight it.
    |F              |G          |         ‖
We'll get it right and we'll be united.
```

Interlude

```
G   A   |D    |G   A   |Bm        |

G   F♯7  |Bm   D7/A  |G        |A        ‖
```

Pre-Chorus 3

```
Em7                       |D/F♯           |
   And I know that we can be so amazing,
Em7                    |A              |
   And being in your life is gonna change me.
Em7             |D/F♯              |G       |A       |
   And now I can see every single possi - bility.
```

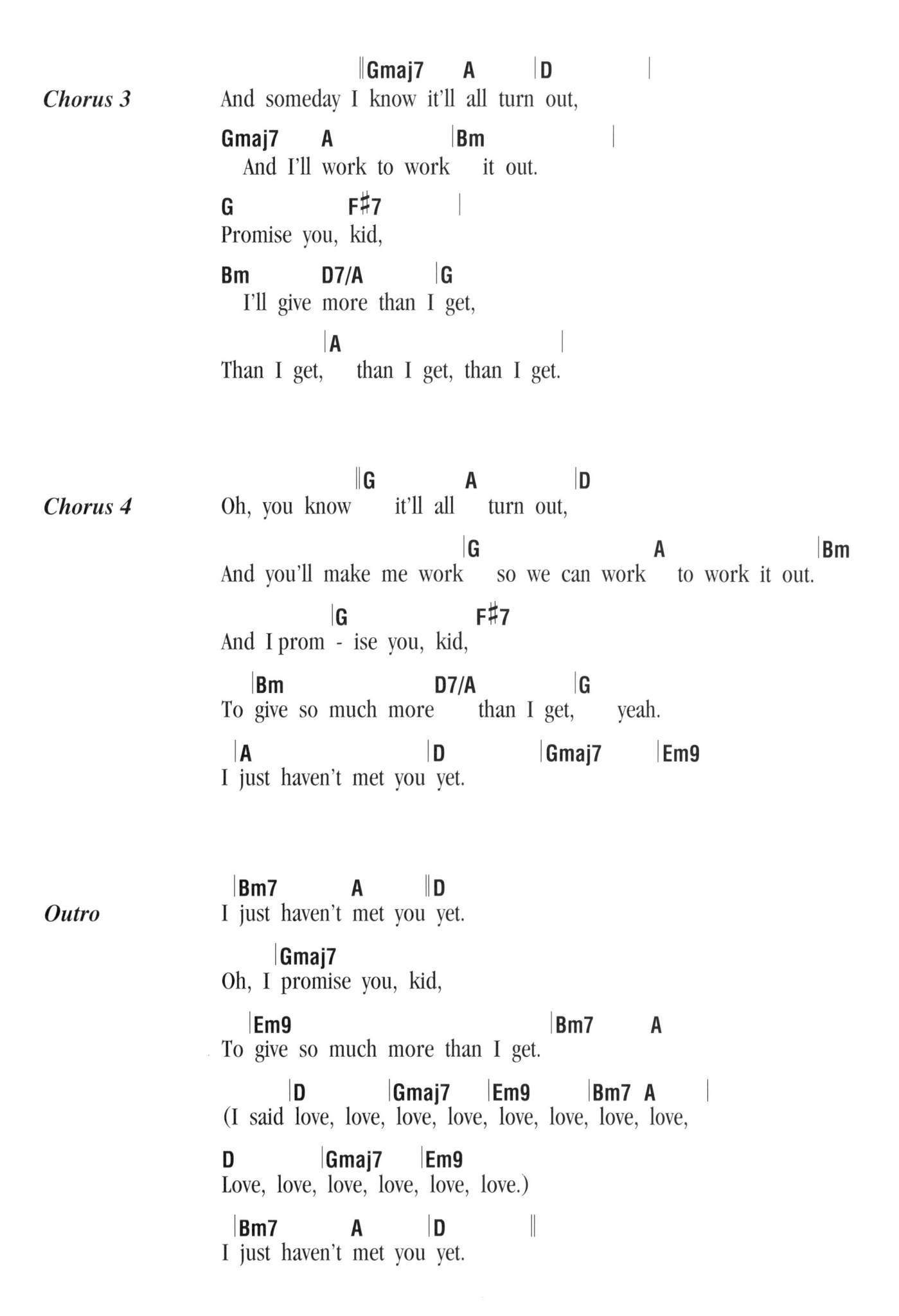

Chorus 3

|Gmaj7   A |D |
And someday I know it'll all turn out,

Gmaj7   A |Bm |
 And I'll work to work   it out.

G   F♯7 |
Promise you, kid,

Bm   D7/A |G
 I'll give more than I get,

           |A |
Than I get,   than I get, than I get.

Chorus 4

                    |G   A |D
Oh, you know   it'll all   turn out,

                        |G   A |Bm
And you'll make me work   so we can work   to work it out.

              |G   F♯7
And I prom - ise you, kid,

 |Bm   D7/A |G
To give so much more   than I get,   yeah.

 |A |D |Gmaj7 |Em9
I just haven't met you yet.

Outro

 |Bm7   A |D
I just haven't met you yet.

       |Gmaj7
Oh, I promise you, kid,

  |Em9 |Bm7   A
To give so much more than I get.

        |D |Gmaj7 |Em9 |Bm7 A |
(I said love, love, love, love, love, love, love, love,

    D |Gmaj7 |Em9
Love, love, love, love, love, love.)

 |Bm7   A |D   ‖
I just haven't met you yet.

Ho Hey

Words and Music by
Jeremy Fraites
and Wesley Schultz

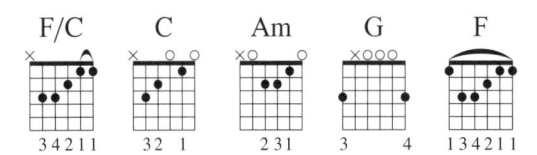

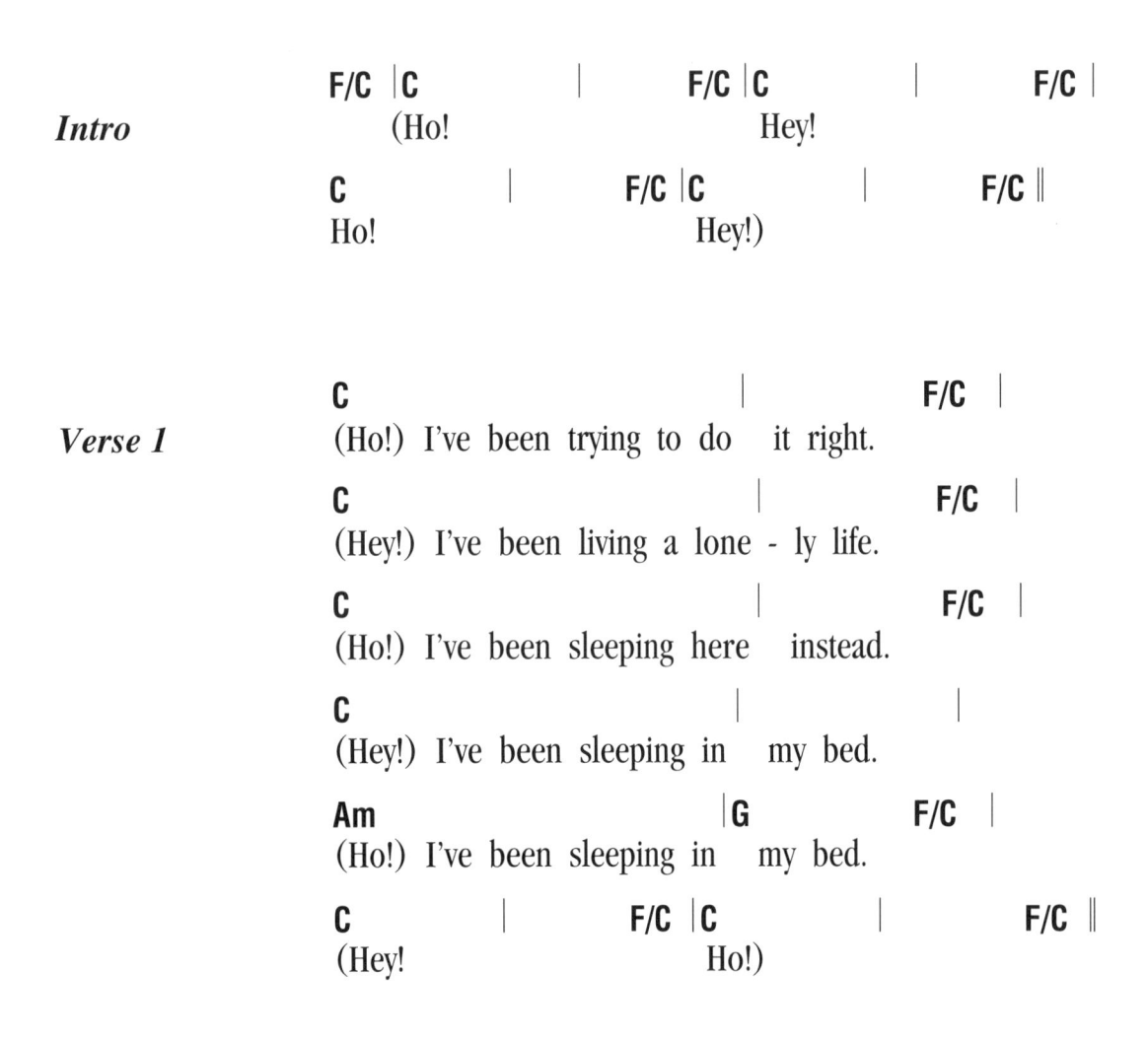

F/C   C   Am   G   F

Intro

|F/C |C | |F/C |C | |F/C |
 (Ho!)   Hey!

|C | |F/C |C | |F/C ||
 Ho!   Hey!)

Verse 1

|C |F/C |
(Ho!) I've been trying to do it right.

|C |F/C |
(Hey!) I've been living a lone - ly life.

|C |F/C |
(Ho!) I've been sleeping here instead.

|C | |
(Hey!) I've been sleeping in my bed.

|Am |G |F/C |
(Ho!) I've been sleeping in my bed.

|C |F/C |C | |F/C ||
(Hey!)   Ho!)

Copyright © 2011 The Lumineers
All Rights Exclusively Administered by Songs Of Kobalt Music Publishing
All Rights Reserved   Used by Permission

Verse 2

```
           C                        |          F/C  |
(Ho!) So show me fam - ily,
           C                        |          F/C  |
(Hey!) All the blood that I   would bleed.
           C                        |          F/C  |
(Ho!) I don't know where I    belong.
           C                        |               |
(Hey!) I don't know where I    went wrong.
           Am              |G          F/C  |
(Ho!) But I can write   a song.
           C       |
(Hey! two, three.)
```

Chorus 1

```
                     ‖Am              |G
I belong with you, you belong with me;
                     |C        |
You're my sweet - heart.
                     |Am              |G
I belong with you, you belong with me;
              F/C      ‖
You're my sweet…
```

Interlude

```
         C            |    F/C |C           |         F/C |
       (Ho!                   Hey!
         C            |    F/C |C           |         F/C ‖
        Ho!                   Hey!)
```

Verse 3

```
         C                              |          F/C  |
       (Ho!) I don't think you're right    for him.
         C                              |          F/C  |
       (Hey!) Look at what it might      have been if you
         C                              |      F/C      |
       (Ho!) Took a bus to Chi - natown.
         C                              |               |
       (Hey!) I'd be standing on    Canal
         Am              |G        F/C  |
       (Ho!) And Bow - ery.
         C               |               |
       (Hey!)
         Am                              |G         F/C  |
       (Ho!) And she'd be standing next    to me.
         C               |
       (Hey! two, three.)
```

Chorus 2

```
     ‖Am              |G
I belong with you, you belong with me;
           |C              |
You're my sweet - heart.
           |Am             |G
I belong with you, you belong with me;
           |C              |
You're my sweet - heart.
```

Bridge

```
   ‖F     |  C     |G      |C
Love,      we need  it now.
   |F     |  C           |G           |
Let's hope,   hope for some,
   |F     |  C     |G      |C
'Cause oh,   we're  bleeding out.
```

Repeat Chorus 1

Outro

```
C            |   F/C |C            | F/C |
(Ho!              Hey!
C            |   F/C |C            ‖
Ho!               Hey!)
```

Home

Words and Music by
Greg Holden
and Drew Pearson

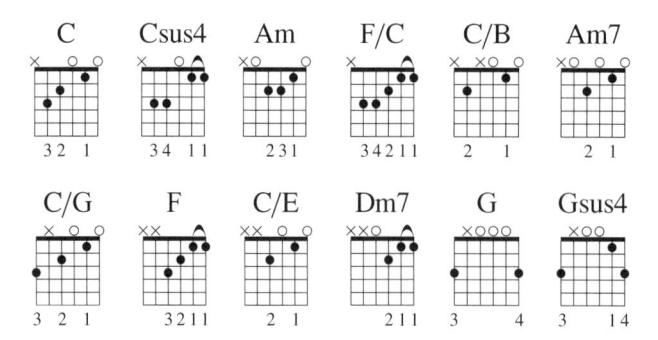

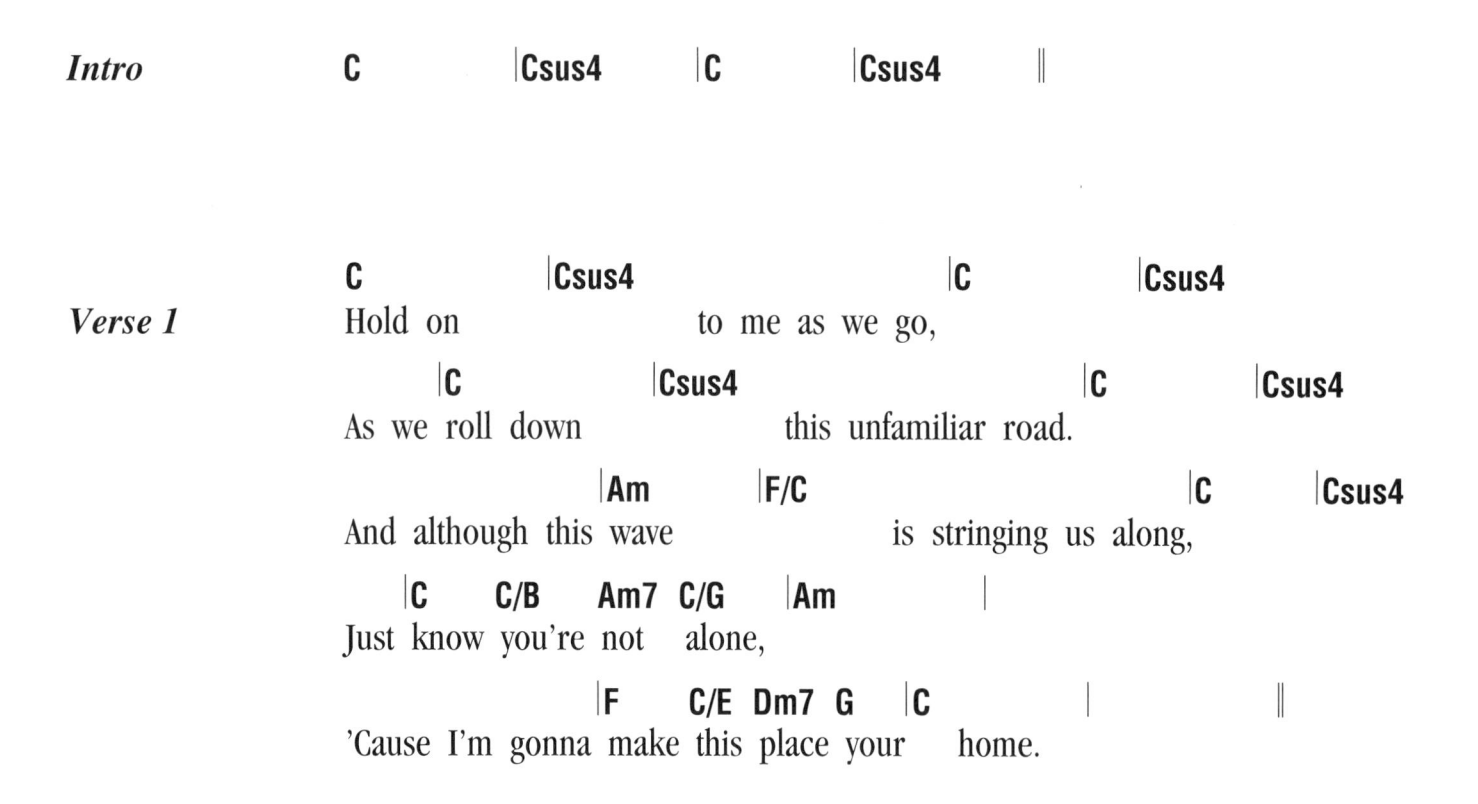

Chord diagrams: C, Csus4, Am, F/C, C/B, Am7, C/G, F, C/E, Dm7, G, Gsus4

Intro

| C | Csus4 | C | Csus4 ||

Verse 1

```
       C              Csus4                    C              Csus4
Hold on              to me as we go,
       C              Csus4                    C              Csus4
As we roll down             this unfamiliar road.
              Am      F/C                      C              Csus4
And although this wave           is stringing us along,
       |C    C/B   Am7  C/G  |Am           |
Just know you're not    alone,
              |F    C/E  Dm7  G  |C           ||
'Cause I'm gonna make this place your   home.
```

Verse 2
```
        C            |Csus4          |C           |Csus4        |
Settle down,         it'll all be    clear.
        C                  |Csus4           |C            |Csus4
Don't pay no mind to the demons; they fill you with fear.
        |Am                   |F/C
The trouble, it might drag you down.
            |C                    |G
If you get lost, you can always be found.
            |C    C/B   Am7  C/G  |Am                |
Just know you're not    alone,
                      |F    C/E  Dm7  G   |C         |       ||
'Cause I'm gonna make this   place  your   home.
```

Interlude 1
```
            F           |C          |Am         |G          |
            Ooh,                    ooh,
            F           |C          |G          |Gsus4    G    ||
            Ooh.
```

Interlude 2
```
            F           |C          |Am         |G          |
            Ah,                     ah,
            F           |C          |G          |Gsus4    G    ||
            Ah.
```

Repeat Interlude 2

Repeat Verse 2

Repeat Interlude 2 (3x)

I Knew You Were Trouble.

Words and Music by
Taylor Swift, Shellback
and Max Martin

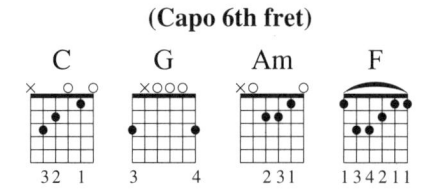

(Capo 6th fret)

C   G   Am   F

Intro   C

Verse 1

C
Once upon time, a few mistakes ago,
G
I was in your sights;   you got me alone.
   Am
You found me, you found me,
   F
You found me - ee - ee - ee - ee.
C
I guess you didn't care and I guess I liked that.
G
And when I fell hard, you took a step back
   Am
With - out me, with - out me,
   F
With - out me - ee - ee - ee - ee.

Pre-Chorus 1

|**C** |**G**
And he's long   gone

              |**G** |**Am**
When he's next   to me.

         |**Am** |**F**
And I re -   alize

              |**F**   ‖
The blame is on me. 'Cause…

Chorus

Am |**F** |**G**
 I knew you were trouble when you walked in,

 |**C**   **G** |
So shame on me now.

Am |**F** |**G**
 Flew me to places I'd never been,

 |**C**   **G** |
Till you put me down, oh.

Am |**F** |**G**
 I knew you were trouble when you walked in,

 |**C**   **G** |
So shame on me now.

Am |**F** |**G**
 Flew me to places I'd never been.

       |**C**   **G** |**Am**
Now I'm lying on the cold, hard ground.

      |**F** |**G** |**C**   **G** |
Oh,   oh,   trouble, trouble, trouble.

Am |**F** |**G** |**C**   **G**   ‖
 Oh,   oh,   trouble, trouble, trouble.

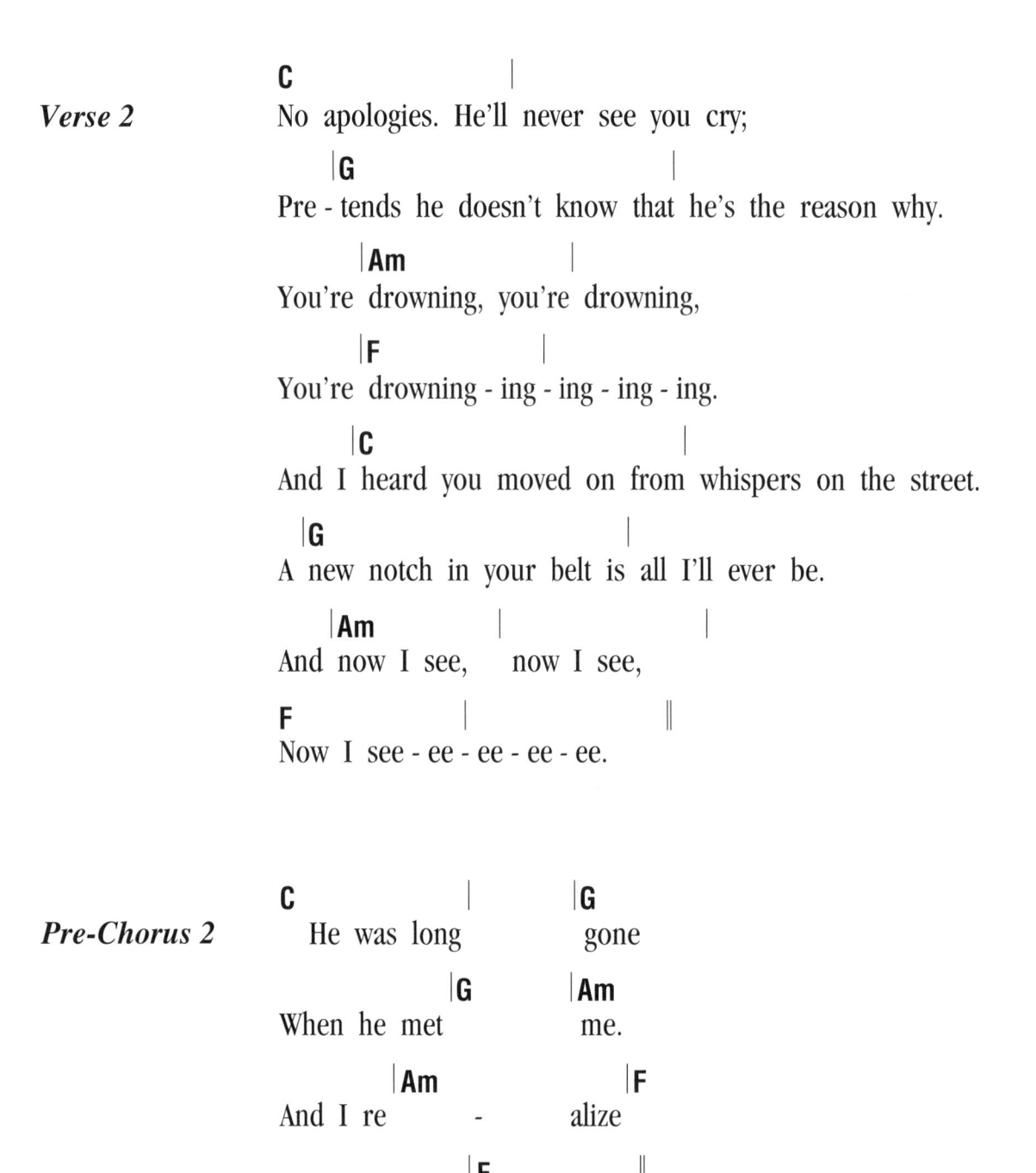

Verse 2

```
            C                    |
No apologies. He'll never see you cry;
     |G                   |
Pre - tends he doesn't know that he's the reason why.
       |Am              |
You're drowning, you're drowning,
        |F           |
You're drowning - ing - ing - ing - ing.
       |C                      |
And I heard you moved on from whispers on the street.
  |G                       |
A new notch in your belt is all I'll ever be.
    |Am           |              |
And now I see,    now I see,
F              |             ‖
Now I see - ee - ee - ee - ee.
```

Pre-Chorus 2

```
              C          |     |G
     He was long          gone
                    |G      |Am
When he met        me.
          |Am            |F
And I re       -      alize
                 |F         ‖
The joke is on me,  hey.
```

Repeat Chorus

Bridge

```
        ‖F              |          |Am
And the saddest fear         comes creeping in:
         |F              |
That you never loved me,      or her,
    |G           |          |         ‖
Or anyone, or anything,      yeah.
```

Repeat Chorus

Outro

```
        Am              |F                    |G
I knew you were trouble when you walked in.
         |C     G       |
Trouble, trouble, trouble.
        Am              |F                    |G
I knew you were trouble when you walked in.
         |C     N.C.    ‖
Trouble, trouble, trouble.
```

I Won't Give Up

Words and Music by
Jason Mraz and Michael Natter

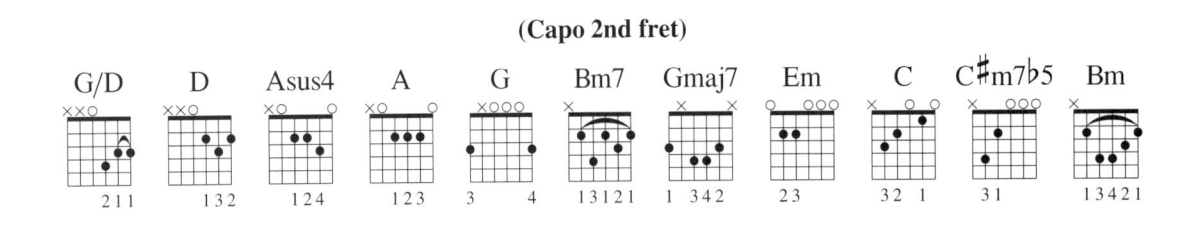

(Capo 2nd fret)

G/D   D   Asus4   A   G   Bm7   Gmaj7   Em   C   C#m7b5   Bm

Intro

| G/D   D | G/D   D | |
| G/D   D | Asus4 | A |

Verse 1

               ‖G/D   D |
When I look into your eyes,
                    |G/D   D |
It's like watching the night   sky
            |G/D   D |
Or a beautiful sun - rise.
                   |Asus4 |A
Oh, there's so much they hold.

Verse 2

                 ‖G/D   D |
And just like them old   stars,
             |G/D   D |
I see that you've come so far
           |G/D   D |
To be right where you are.
           |Asus4 |A
How old is your soul?

Copyright © 2012 Goo-Eyed Music (ASCAP) and Great Hooks Music c/o No BS Publishing (ASCAP)
International Copyright Secured All Rights Reserved

Chorus 1

            ‖G |D
Well, I won't give up on us
       |Bm7 |A
Even if the skies get rough.
        |G |D
I'm giving you all my love.
           |Asus4 |A
I'm still looking up.

Verse 3

              ‖G/D D |
And when you're needing your space
     |G/D D |
To do some navigat - ing,
      |G/D   D |
I'll be here patiently wait - ing
       |Asus4 |A
To see what you find.

Chorus 2

        ‖G |D
'Cause even the stars, they burn;
   |Bm7 |A
Some even fall to the earth.
  |G |D
We got a lot to learn.
             |Asus4 |A
God knows, we're worth   it.
            |Gmaj7 |
No, I won't give up.

Bridge

```
       ‖Em                                                    |
I don't wanna be someone who walks away so easi - ly.
                                          |A        Asus4   |A
I'm here to stay and make the difference that I can make.
       |Em                                                   |
Our differences, they do a lot to teach us how to use
                                          |A        Asus4   |A
The tools and gifts we got; yeah, we got a lot   at stake.
          |C
And in the end, you're still my friend; at least we did intend
     |C                                                      |
For us to work. We didn't break; we didn't burn.
C♯m7♭5                                     |                           |
         We had to learn how to bend   without the world caving in.
C                                |C♯m7♭5                    A
  I had to learn what I got,              and what I'm not
          |D           |
And who I am.
```

Chorus 3

```
            ‖G     |D
I won't give up on us
          |Bm7    |A
Even if the skies get rough.
          |G     |D
I'm giving you all my love.
                  |Bm7
I'm still looking up.
                  |Asus4
I'm still looking up.
```

Chorus 4

```
    ‖G                         |D
```
Well, I won't give up (No, I'm not) on us. (giving up.)
```
            |Bm7                  |A
```
God knows, I'm tough (I am tough.) e-nough. (I am loved.)
```
        |G                    |D
```
We've got a lot (We're alive.) to learn. (We are loved.)
```
                |A            Asus4  |A
```
God knows, we're worth it. (And we're worth it.)

Outro

```
    ‖G    |D
```
I won't give up on us.
```
    |Bm   |A
```
Even if the skies get rough.
```
    |G    |D
```
I'm giving you all my love.
```
        |A      ‖
```
I'm still looking up.

If I Die Young

Words and Music by
Kimberly Perry

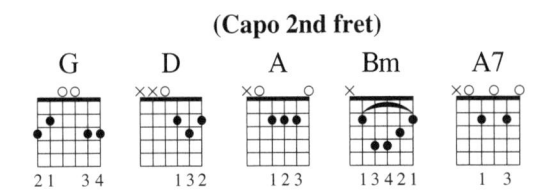

(Capo 2nd fret)
G   D   A   Bm   A7

Chorus 1

|G |D
If I die young, bury me in satin;
　　　　　|A |Bm
Lay me down　on a bed of roses.
　　　　　|G |D
Sink me in the river at dawn;
　　　　|A |Bm
Send me a - way with the words of a love song.
G |D |A |A7
Uh oh,　uh oh.

© 2010 PEARLFEATHER PUBLISHING
All Rights Administered by Rio Bravo Music, INC.
All Rights Reserved Used by Permission

Verse 1

‖**G**
Lord, make me a rainbow;
|**D**
I'll shine down on my mother.
|**A**
She'll know I'm safe with you
|**Bm**
When she stands under my colors.
|**G**
Oh, and life ain't always what
|**D** |
You think it ought to be, no.
A
  Ain't even grey,
|**Bm** |
But she buries her baby.
G |**D** |**A** |**Bm**
  The sharp knife   of a short life.
  |**G** |**D** |**A** |**A7**
Well, I've had   just enough time.

Chorus 2

‖**G** |**D**
If I die young, bury me in satin;
              |**A** |**Bm**
Lay me down   on a bed of roses.
              |**G** |**D**
Sink me in the river at dawn;
              |**A** |**Bm** |
Send me a - way with the words of a love song.
G |**D** |**A** |**Bm**
  The sharp knife   of a short life.
  |**G** |**D** |**A** |**A7**
Well, I've had   just enough time.

Verse 2
                        ||G
And I'll be wearing white
               |D
When I come into your kingdom.
     |A
I'm as green as the ring
     |Bm
On my little cold finger.
   |G
I've never known
     |D
The lov - in' of a man.
 |A
But it sure felt nice
        |Bm
When he was holdin' my hand.
    |G
There's a boy here in town,
     |D
Says he'll love me forever.
A
Who would have thought
   |Bm
For - ever could be severed by
G |D |A |Bm
  The sharp knife of a short life?
   |G |D |A |A7 ||
Well, I've had just enough time.

Interlude   G |D |A |Bm   G |D |A |Bm

Bridge

‖**G**
So put on your best, boys,

|**D** |
And I'll wear my pearls.

A |
What I never did is done.

Verse 3

‖**G**
A penny for my thoughts?

|**D** |
Oh, no, I'll sell 'em for a dollar.

A
They're worth so much more

|**Bm**
Af - ter I'm a goner.

|**G**
And maybe then you'll hear

|**D** |
The words I been singin'.

A
Funny when you're dead

|**Bm** | |
How peo - ple start listenin'.

G |**D** |**A** |**A7**

Chorus 3

‖**G** |**D**
If I die young, bury me in satin;

|**A** |**Bm**
Lay me down on a bed of roses.

|**G** |**D**
Sink me in the river at dawn;

|**A** |**Bm**
Send me a - way with the words of a love song.

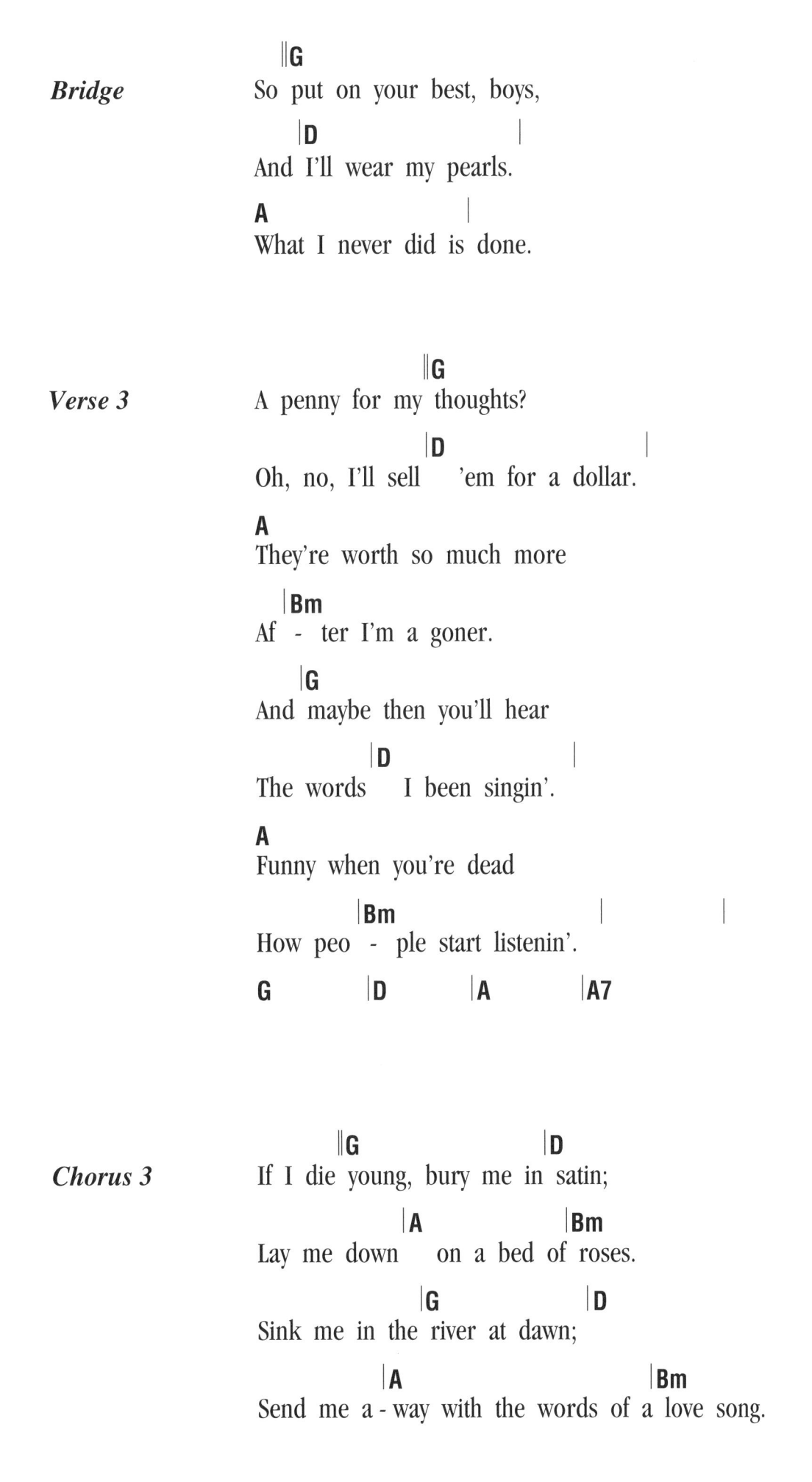

Verse 4

‖**G** |**D** |
Uh oh. The bal - lad of a dove,

A |**Bm** |
 Go with peace and love.

G
Gather up your tears,

 |**D** |
Keep   'em in your pocket,

A
Save 'em for a time

     |**Bm** |**G**
When you're really gonna need 'em, oh.

         |**D** |**A** |**Bm**
The sharp knife   of a short life.

  |**G** |**D** |**A** |
Well, I've had   just enough time.

Outro

  ‖**G** |
So put on your best, boys,

D |**N.C.**   ‖
 And I'll wear my pearls.

Just the Way You Are

Words and Music by
Bruno Mars, Ari Levine, Philip Lawrence, Khari Cain and Khalil Walton

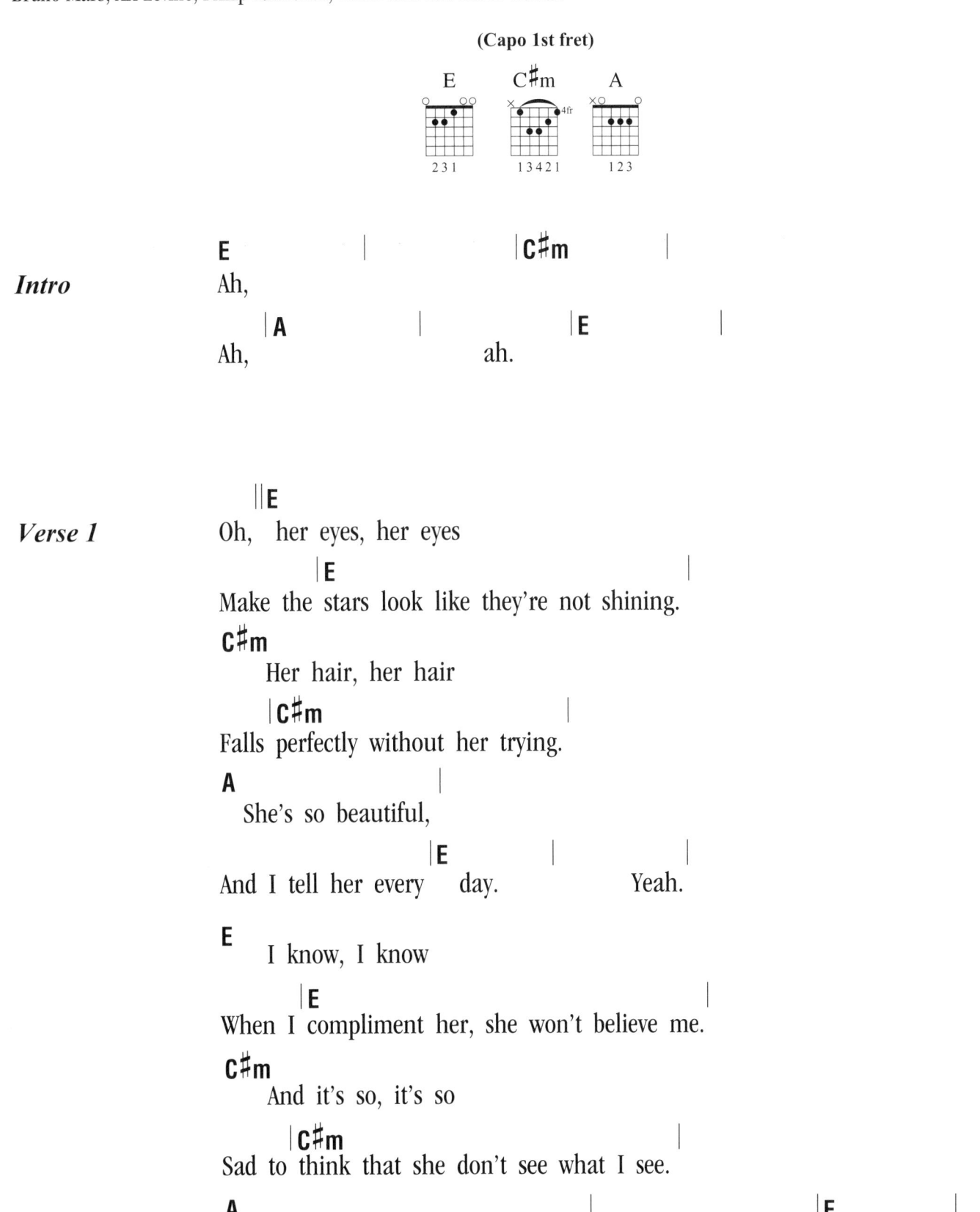

(Capo 1st fret)

E   C#m   A

Intro

| E | | C#m | |
Ah,
| A | | E | |
Ah,   ah.

Verse 1

‖ E
Oh, her eyes, her eyes
| E |
Make the stars look like they're not shining.
C#m
   Her hair, her hair
| C#m |
Falls perfectly without her trying.
A |
   She's so beautiful,
| E | |
And I tell her every   day.   Yeah.

E
   I know, I know
| E |
When I compliment her, she won't believe me.
C#m
   And it's so, it's so
| C#m |
Sad to think that she don't see what I see.
A | | E |
   But every time she asks me, "Do I look okay?" I say:

© 2010 MARS FORCE MUSIC, BUGHOUSE, TOY PLANE MUSIC, ART FOR ART'S SAKE MUSIC, WB MUSIC CORP., UPPER DEC, ROC NATION MUSIC,
MUSIC FAMAMANEM, NORTHSIDE INDEPENDENT MUSIC PUBLISHING LLC, UNIVERSAL MUSIC CORP., DRY RAIN ENTERTAINMENT and ROUND HILL SONGS
All Rights for MARS FORCE MUSIC, BUGHOUSE, TOY PLANE MUSIC and ART FOR ART'S SAKE MUSIC Administered by BUG MUSIC, INC., a BMG CHRYSALIS COMPANY
All Rights for UPPER DEC, ROC NATION MUSIC and MUSIC FAMAMANEM Administered by WB MUSIC CORP.
All Rights for DRY RAIN ENTERTAINMENT Controlled and Administered by UNIVERSAL MUSIC CORP.
All Rights Reserved   Used by Permission

Chorus 1

```
              ‖E           |
```
When I see your face,
```
                    |C♯m              |
```
There's not a thing   that I would change,
```
                |A          |           |E          |
```
'Cause you're amaz - ing just the way you are.
```
                |E          |
```
And when you smile,
```
                    |C♯m              |
```
The whole world stops   and stares for a while,
```
                |A          |           |E          |         ‖
```
'Cause, girl, you're amaz - ing just the way you are.   Yeah.

Verse 2

```
     E
```
    Her lips, her lips,
```
       |E                              |
```
I could kiss them all day if she'd let me.
```
C♯m
```
    Her laugh, her laugh,
```
    |C♯m                    |
```
She hates but I think it's so sexy.
```
A                |
```
  She's so beautiful,
```
              |E       |
```
And I tell her every   day.
```
       |E
```
Oh, you know, you know, you know
```
         |E
```
I'd never ask you to change.
```
   |C♯m
```
If perfect's what you're searching for
```
       |C♯m
```
Then just stay the same.
```
    |A                       |
```
So   don't even bother asking if   you look okay.
```
             |E         |
```
You know I'll say:

Chorus 2

```
              ‖E             |
When I see your face,
                 |C♯m                |
There's not a thing    that I would change,
                  |A         |          |E         |
'Cause you're amaz  -  ing just  the way you are.
                  |E         |
And when you smile,
                 |C♯m                  |
The whole world stops   and stares for a while,
                   |A         |          |E         |
'Cause, girl, you're amaz  -  ing just  the way you are,
  E              |          |
   The way you are,
  E              |C♯m       |
   The way you are.
              |A         |          |E         |
Girl, your amaz  -  ing just  the way you are.
```

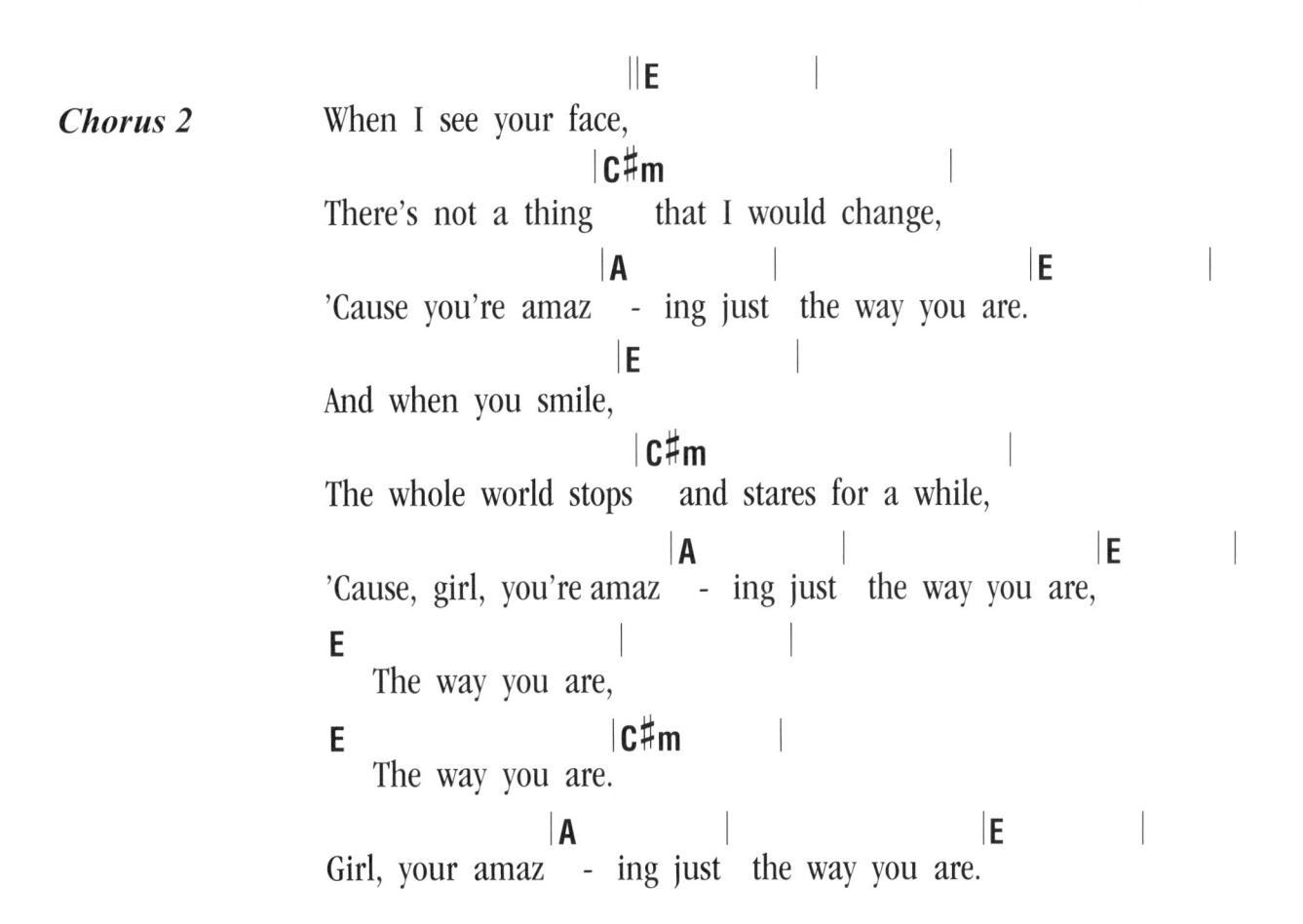

Repeat Chorus 1

Just a Kiss

Words and Music by
Hillary Scott, Dallas Davidson,
Charles Kelley and Dave Haywood

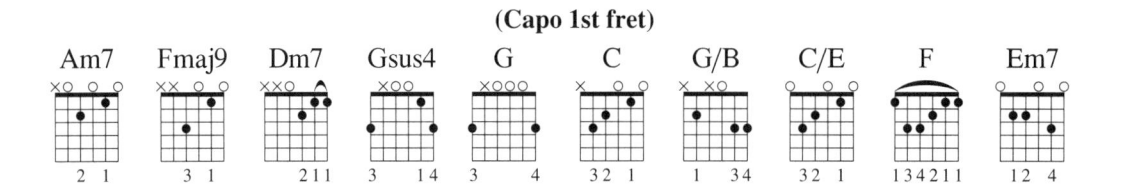

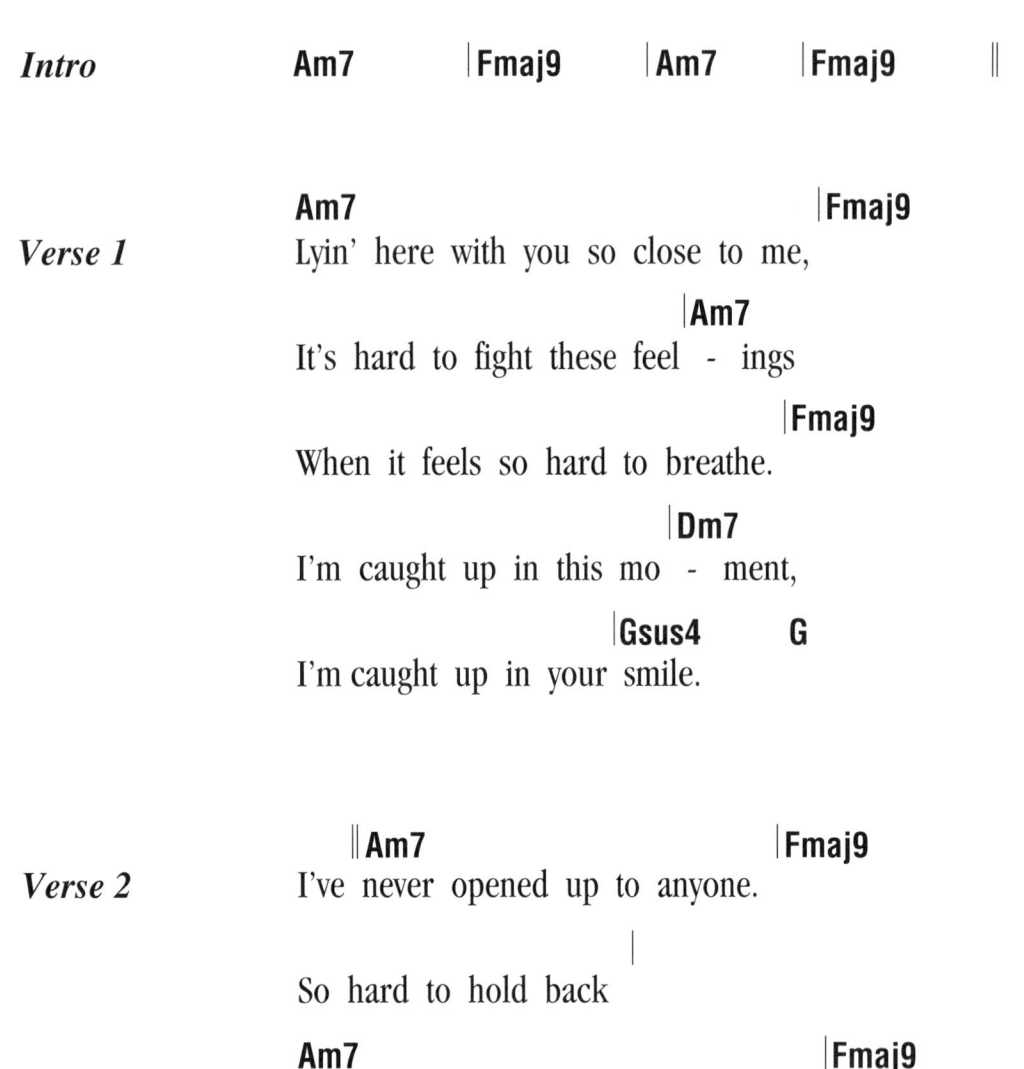

(Capo 1st fret)

Am7   Fmaj9   Dm7   Gsus4   G   C   G/B   C/E   F   Em7

Intro | Am7 | Fmaj9 | Am7 | Fmaj9 ||

Verse 1

      Am7 |Fmaj9
Lyin' here with you so close to me,
                       |Am7
It's hard to fight these feel - ings
                     |Fmaj9
When it feels so hard to breathe.
        |Dm7
I'm caught up in this mo - ment,
     |Gsus4   G
I'm caught up in your smile.

Verse 2

    ||Am7 |Fmaj9
I've never opened up to anyone.
         |
So hard to hold back
Am7 |Fmaj9
When I'm holding you in my arms.
       |Dm7
We don't need to rush this;
    |Gsus4   G ||
Let's just take it slow.

© 2011 EMI FORAY MUSIC, HILLARY DAWN SONGS, EMI BLACKWOOD MUSIC INC., STRING STRETCHER MUSIC,
WARNER-TAMERLANE PUBLISHING CORP., RADIOBULLETSPUBLISHING and DWHAYWOOD MUSIC
All Rights for HILLARY DAWN SONGS Controlled and Administered by EMI FORAY MUSIC
All Rights for STRING STRETCHER MUSIC Controlled and Administered by EMI BLACKWOOD MUSIC INC.
All Rights for RADIOBULLETSPUBLISHING and DWHAYWOOD MUSIC Controlled and Administered by WARNER-TAMERLANE PUBLISHING CORP.
All Rights Reserved   International Copyright Secured   Used by Permission

Chorus 1

| Am7   Fmaj9 |
Just a kiss on your lips in the moonlight,

C   G/B |
Just a touch of the fire burning so bright.

Am7   Fmaj9 |
No, I don't want to mess this thing up.

Gsus4   G |
No, I don't want to push too far.

Am7   Fmaj9 |
Just a shot in the dark that you just might

C   G/B |Dm7
Be the one I've been waiting for my whole   life.

          C/E |F
So baby, I'm   alright

             G |Am7 |Fmaj9
With just a kiss good - night.

Verse 3

‖Am7 |Fmaj9
I know that if we give this a little time,

               |Am7
It'll only bring us clos - er

                   |Fmaj9
To the love we wanna find.

              |Dm7
It's never felt so real,

                 |Gsus4   G   ‖
No, it's never felt so right.

Chorus 2

| **Am7** | **Fmaj9** | |
Just a kiss on your lips in the moonlight,
| **C** | **G/B** | |
Just a touch of the fire burning so bright.
| **Am7** | **Fmaj9** | |
No, I don't want to mess this thing up.
Gsus4 **G**
No, I don't want to push too far.
| **Am7** | **Fmaj9** | |
Just a shot in the dark that you just might
| **C** | **G/B** |**Dm7**
Be the one I've been waiting for my whole life.
  C/E |**F**
So baby, I'm alright
  G ‖
With just a kiss goodnight.

Bridge

 Dm7 |**Am7** **G** |**Dm7**
 No, I don't want to say goodnight.
|**Am7** **Em7**
I know it's time to leave,
 |**F** |
But you'll be in my dreams
Gsus4 G |**Am7** |**Fmaj9** |**Am7** ‖
Tonight, tonight, tonight.

Chorus 3

| Am7 | Fmaj9 |
Just a kiss on your lips in the moonlight,

| C | G/B |
Just a touch of the fire burning so bright.

| Am7 | Fmaj9 |
No, I don't want to mess this thing up.

| Gsus4 | G |
No, I don't want to push too far.

| Am7 | Fmaj9 |
Just a shot in the dark that you just might

| C | G/B | Dm7
Be the one I've been waiting for my whole life.

| C/E | F | G
So baby, I'm al - right,

| Dm7 | C/E | F
Oh,   let's do   this right,

| G | Am7 |
With just a kiss good - night,

| Fmaj9 | Am7
With a kiss goodnight,

| F ||
Kiss goodnight.

Kiss You

Words and Music by
Shellback, Savan Kotecha, Kristian Lundin,
Rami Yacoub, Carl Falk, Kristoffer Fogelmark
and Albin Nedler

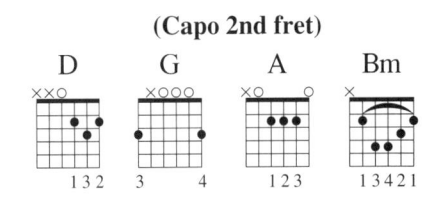

(Capo 2nd fret)

D G A Bm

Intro
| D | G | | A |

Verse 1
N.C.   ‖D   A |G
Oh, I just wanna take you anywhere that you like.
         |G   Bm |A
We could go out any day,   any night.
         |D   A |G
Baby, I'll take you there,   take you there.
         |G   Bm |A
Baby, I'll take you there,   yeah.

Verse 2
             ‖D   A |G
Oh, tell me, tell me, tell me how to turn your love on.
         |G   Bm |A
You can get, get anything   that you want.
         |D   A |G
Baby, just shout it out,   shout it out.
         |G   Bm |A
Baby, just shout it out,   yeah.

Pre-Chorus

          ‖D   A |
And if you,

G | Bm |
You want me too,

A |D   A |
Let's make a move,

G |N.C.
Yeah, so tell me, girl,

Chorus 1

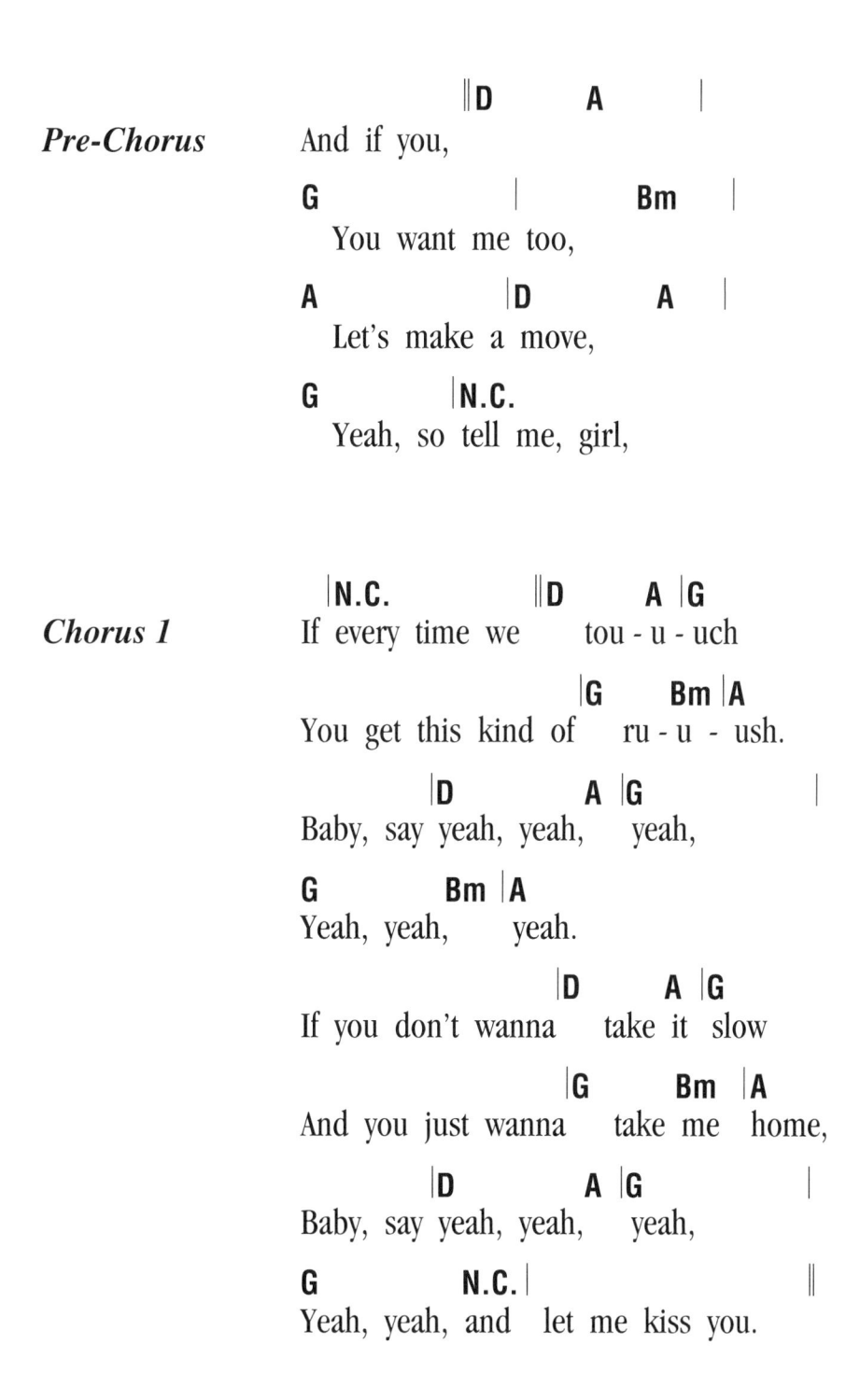

        |N.C.   ‖D   A |G
If every time we   tou - u - uch

                 |G   Bm |A
You get this kind of   ru - u - ush.

        |D   A |G |
Baby, say yeah, yeah,   yeah,

G   Bm |A
Yeah, yeah,   yeah.

              |D   A |G
If you don't wanna   take it slow

               |G   Bm |A
And you just wanna   take me home,

        |D   A |G |
Baby, say yeah, yeah,   yeah,

G   N.C.| ‖
Yeah, yeah, and let me kiss you.

Repeat Intro

Verse 3

```
        N.C.      ||D                      A        |G
        Oh, baby, baby, don't you know you got what I need,
                  |G                 Bm        |A
        Looking so good from your head  to your feet.
                  |D             A        |G
        Come on, come over here,  o - ver here.
                  |G             Bm      |A
        Come on, come over here,  yeah.
```

Verse 4

```
                  ||D                    A        |G
        Oh, I just wanna show you off to all of my friends,
                  |G                       Bm      |A
        Making them drool down their chin - ny - chin - chins.
                  |D              A       |G
        Baby, be mine tonight,  mine tonight.
                  |G             Bm      |A
        Baby, be mine tonight,   yeah.
```

Repeat Pre-Chorus

Repeat Chorus 1

Interlude

```
           D   |             |
                 Let me kiss you,
           D   |             |
                 Let me kiss you,
           Bm  |             |
                 Let me kiss you,
           Bm  |             |
                 Let me kiss you.
           D         |            |
           Na na na na na na na na,
           D         |            |
           Na na na na na na na na,
           Bm            |
           Na na na na na na na.
                 |N.C.
                 Yeah, so tell me, girl,
```

Chorus 2

```
              |N.C.        ||D      A |G
              If every time we   tou - u - uch
                              |G    Bm |A
              You get this kind of  ru - u - ush.
                           |D       A |G         |
              Baby, say yeah, yeah,   yeah,
              G       Bm |A
              Yeah, yeah,   yeah.
                              |D       A |G
              If you don't wanna    take it  slow
                              |G    Bm |A
              And you just wanna    take me  home,
                           |D       A |G         |
              Baby, say yeah, yeah,   yeah,
              G       Bm |A
              Yeah, yeah,   yeah.
```

Repeat Chorus 1

Locked Out of Heaven

Words and Music by
Bruno Mars, Ari Levine
and Philip Lawrence

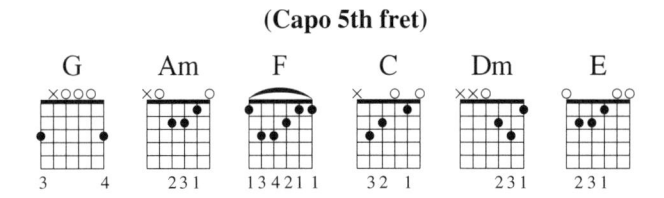

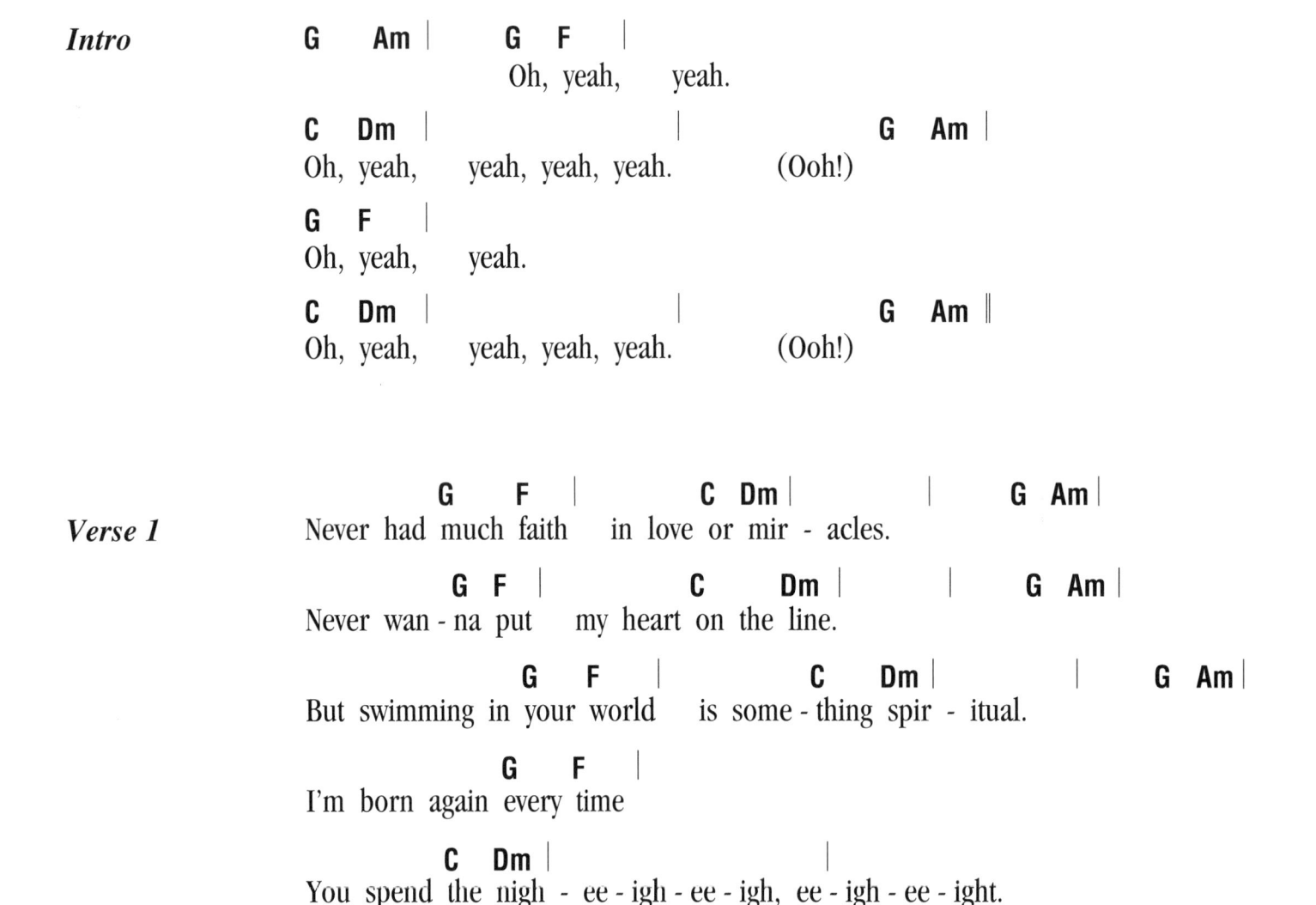

(Capo 5th fret)

G   Am   F   C   Dm   E

Intro	G Am | G F |
	Oh, yeah, yeah.
	C Dm | | G Am |
	Oh, yeah, yeah, yeah, yeah. (Ooh!)
	G F |
	Oh, yeah, yeah.
	C Dm | | G Am ||
	Oh, yeah, yeah, yeah, yeah. (Ooh!)

Verse 1	G F | C Dm| | G Am|
	Never had much faith in love or mir - acles.
	G F | C Dm| | G Am|
	Never wan - na put my heart on the line.
	G F | C Dm| | G Am|
	But swimming in your world is some - thing spir - itual.
	G F |
	I'm born again every time
	C Dm | |
	You spend the nigh - ee - igh - ee - igh, ee - igh - ee - ight.

© 2012 BMG GOLD SONGS, MARS FORCE MUSIC, UNIVERSAL MUSIC CORP., TOY PLANE MUSIC,
NORTHSIDE INDEPENDENT MUSIC PUBLISHING LLC, THOU ART THE HUNGER, WB MUSIC CORP. and ROC NATION MUSIC
All Rights for BMG GOLD SONGS and MARS FORCE MUSIC
Administered by BMG RIGHTS MANAGEMENT (US) LLC
All Rights for TOY PLANE MUSIC Controlled and Administered by UNIVERSAL MUSIC CORP.
All Rights for THOU ART THE HUNGER Administered by NORTHSIDE INDEPENDENT MUSIC PUBLISHING LLC
All Rights for ROC NATION MUSIC Administered by WB MUSIC CORP.
All Rights Reserved   Used by Permission

Pre-Chorus

          G   Am‖   G F |
'Cause your sex   takes me to par - adise.

      C   Dm| |
Yeah, your sex   takes me to par - adise.

             |C |
And it show - oo - oh - oo - oh - oo - ows.

      |E |
Yeah,   yeah, yeah.

Chorus

               ‖F |
'Cause you make feel like

                      |Dm |
I've been locked out of heav - en

     |C |
For too lo - oo - aw - oo - ong,

     |G |
For too lo - oo - aw - oo - ong.

             |F |
Yeah, you make feel like

                    |Dm |
I've been locked out of heav - en

     |C |
For too lo - oo - aw - oo - ong,

     |G |
For too lo - oo - aw - oo - aw,

  |G   Am| G   F |
Aw - aw - aw - aw - ong.

Interlude

    C Dm ‖ | G Am |
Oh, yeah,   yeah, yeah, yeah.   (Ooh!)

   G F |
Oh, yeah,   yeah.

   C Dm | | G Am ‖
Oh, yeah,   yeah, yeah, yeah.   (Ooh!)

Verse 2

```
                        G  F  |          C  Dm|          |       G  Am|
You bring me to my knees;   you make me tes - tify.
                   G  F  |          C  Dm |          |
You can make a sin - ner change his ways.
 G    Am|          G    F|          C  Dm|          |       G  Am|
Open up   your gates 'cause I   can't wait to see    the light.
                    G  F  |
And right there is where
         C  Dm|          |
I wan - na stay - ee - ay - ee - ay, ee - ay - ee - ay.
```

Repeat Pre-Chorus

Repeat Chorus

Bridge

```
 F    |          |
Oh, oh, oh, oh,

 Dm       |
Yeah, yeah, yeah.

        |C        |
Can I just stay here,

                   |G        |        ||
Spend the rest of my days here?
```

Repeat Bridge

Repeat Chorus

Outro

```
 C  Dm |          |          G  Am|
Oh, yeah,   yeah, yeah, yeah.    (Ooh!)

 G  F  |
Oh, yeah,   yeah.

 C  Dm |          |          G  Am||
Oh, yeah,   yeah, yeah, yeah.    (Ooh!)
```

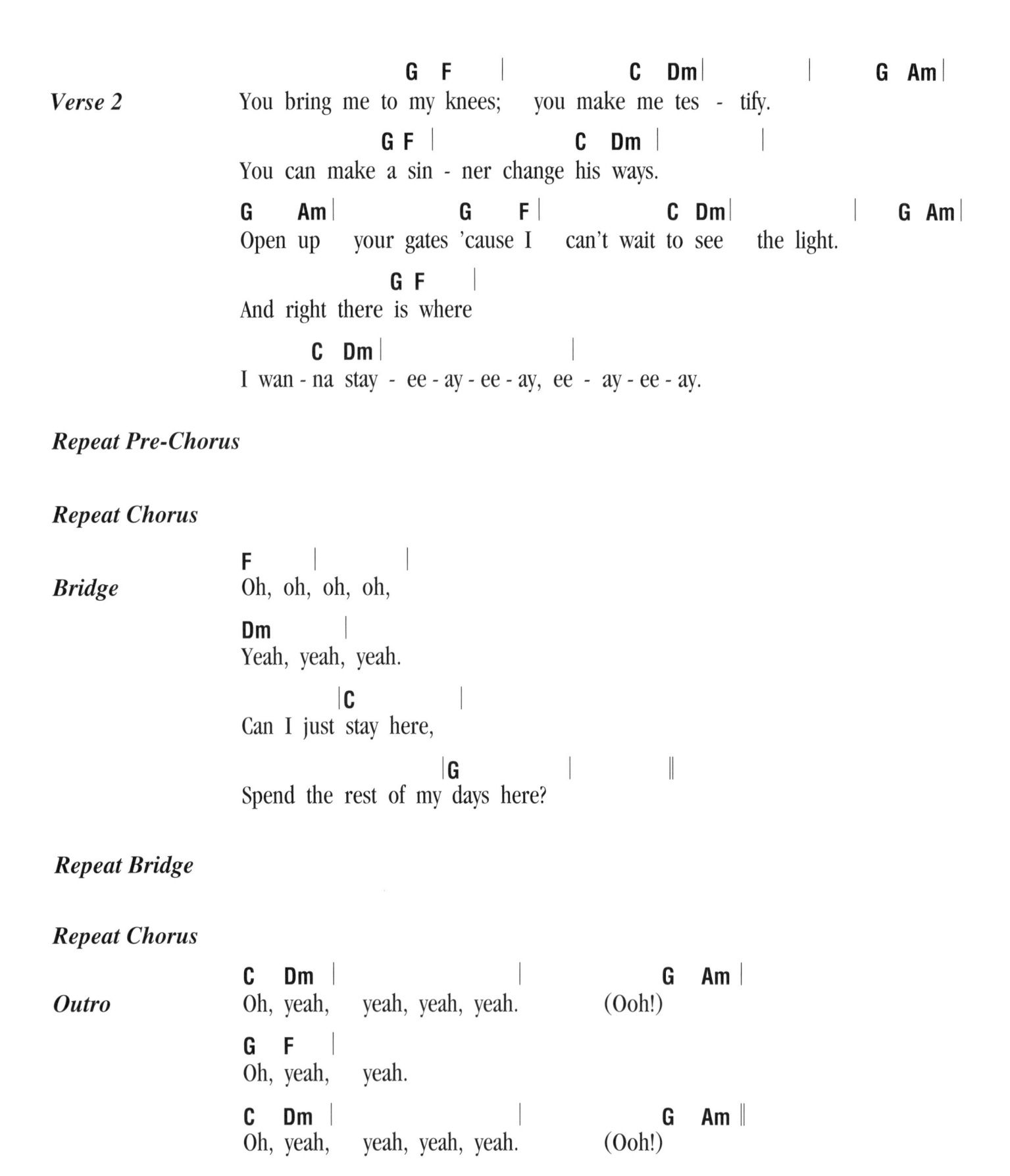

Need You Now

Words and Music by
Hillary Scott, Charles Kelley, Dave Haywood
and Josh Kear

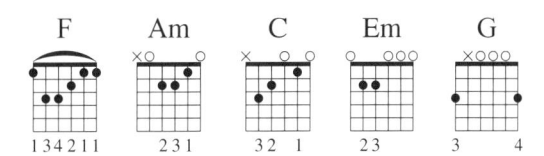

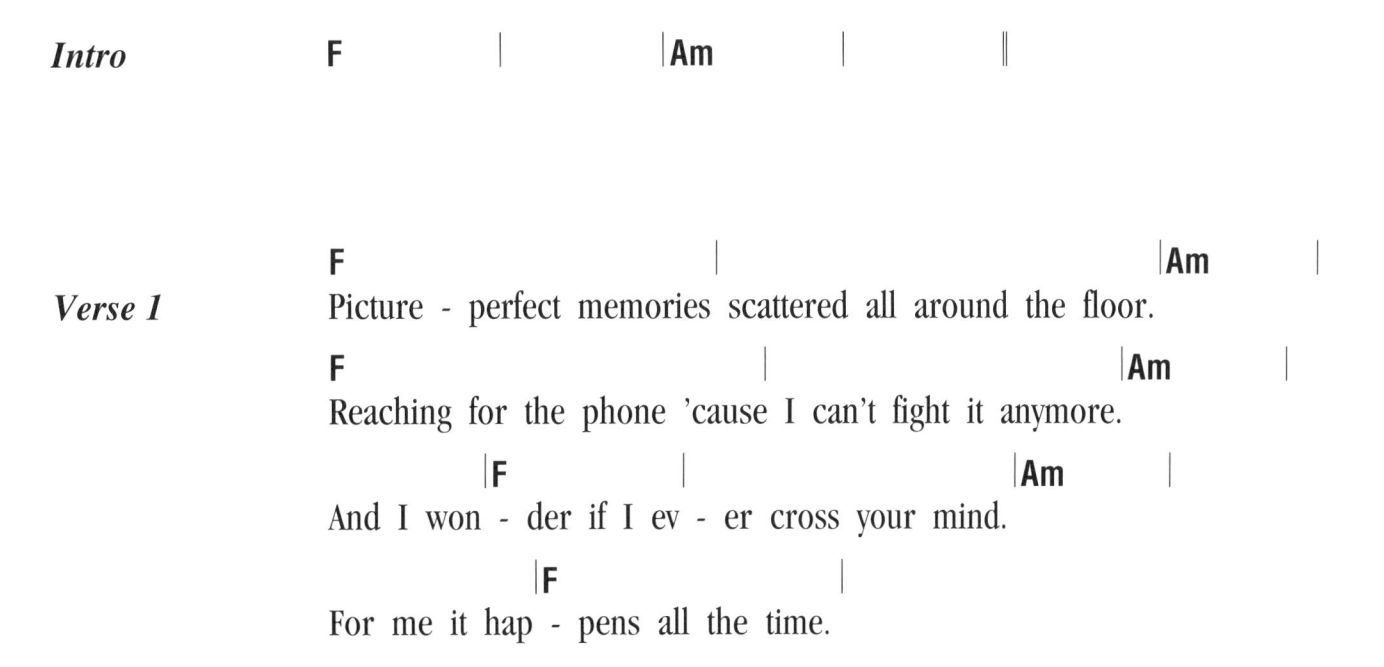

```
      F     Am    C    Em    G
```

Intro | F | | Am | ||

Verse 1
F | Am | |
Picture - perfect memories scattered all around the floor.
F | Am |
Reaching for the phone 'cause I can't fight it anymore.
| F | Am |
And I won - der if I ev - er cross your mind.
| F |
For me it hap - pens all the time.

© 2009 EMI Foray Music, Hillary Dawn Songs, Warner-Tamerlane Publishing Corp., Radiobulletspublishing,
Dwhaywood Music, Year Of The Dog Music, A Division of Big Yellow Dog, LLC and Darth Buddha
All Rights for Hillary Dawn Songs Controlled and Administered by EMI Foray Music
All Rights for Radiobulletspublishing and Dwhaywood Music Administered by Warner-Tamerlane Publishing Corp.
All Rights for Year Of The Dog Music, A Division of Big Yellow Dog, LLC and Darth Buddha Administered by WAMA, INC.
All Rights Reserved   International Copyright Secured   Used by Permission

Chorus 1

```
           ‖C
It's a quarter after one,
    |C                |Em         |
I'm   all alone, and I need   you now.
      |C
Said   I wouldn't call
          |C               |Em         |
But I lost   all control and I need   you now.
            |F            |
And I don't   know how I can do   without.
  |F          |         |Am      |
I   just need you now.
```

Verse 2

```
      ‖F                       |Am         |
An - other shot of whiskey, can't stop looking at the door.
      |F                       |Am         |
Wish - ing you'd come sweeping in   the way you did before.
          |F            |Am         |
And I won - der if I ev - er cross your mind.
            |F          |
For me it hap - pens all the time.
```

Chorus 2

```
           ‖C
It's a quarter after one,
    |C                |Em         |
I'm   a little drunk, and I need   you now.
      |C
Said   I wouldn't call
          |C               |Em         |
But I lost   all control and I need   you now.
            |F            |
And I don't   know how I can do   without.
  |F                    ‖
I   just need you now.
```

Interlude

```
            Am   G   C  |        |F      |G                    |
                                                      Woh, woh.
            Am   G   C  |    |F      |G
                     |F                  |Am           |G
            Guess I'd rath - er hurt than feel    nothing at all.
```

Chorus 3

```
                 ‖C
            It's a quarter after one,
                 |C                      |Em           |
            I'm    all alone, and I need    you now.
                      |C
            And I said    I wouldn't call
                  |C                      |Em           |
            But I'm a little drunk and I need    you now.
                       |F              |
            And I don't   know how I can do    without.
                 |F                      ‖
            I    just need you now.
```

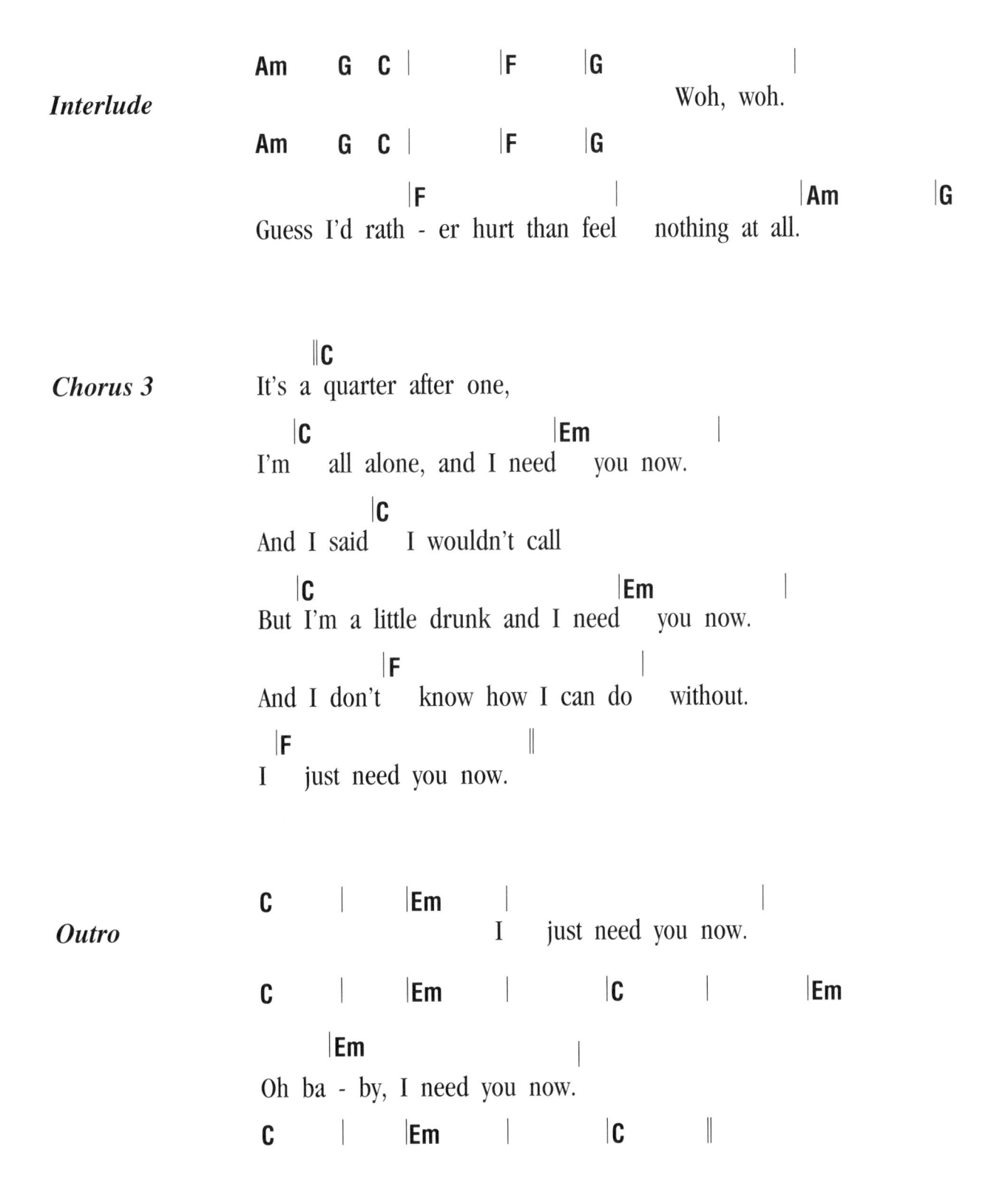

Outro

```
            C       |   |Em      |                    |
                              I    just need you now.
            C       |   |Em      |     |C       |   |Em
                        |Em              |
            Oh ba - by, I need you now.
            C       |   |Em      |     |C       ‖
```

Lonely Boy

Words and Music by
Dan Auerbach, Patrick Carney
and Brian Burton

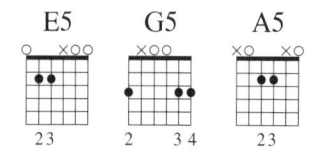

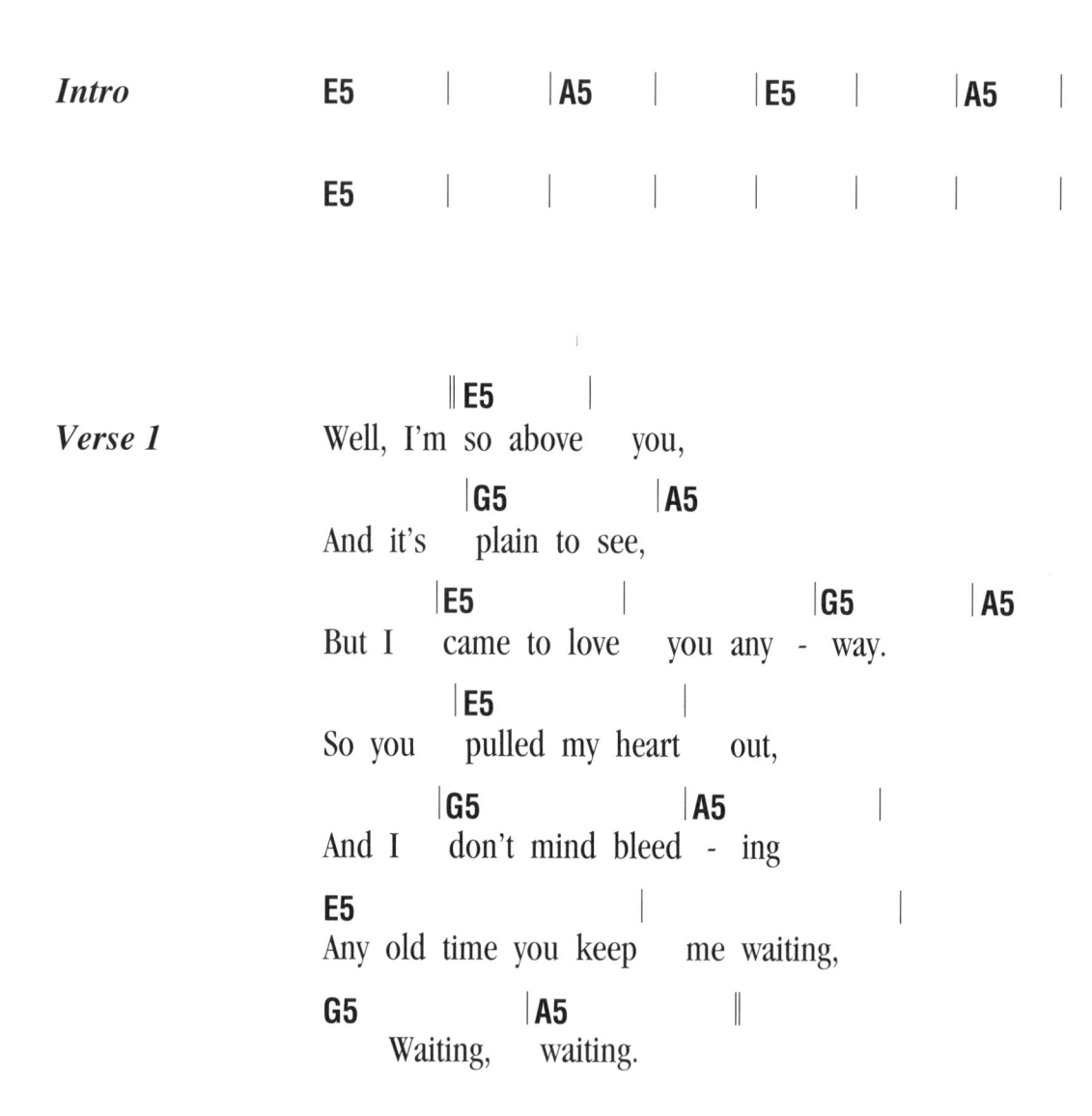

E5   G5   A5

Intro | E5 | A5 | E5 | A5 |
| E5 | | | | | | |

Verse 1
‖ E5 |
Well, I'm so above you,
| G5   A5
And it's plain to see,
| E5 | G5   A5
But I came to love you any - way.
| E5 |
So you pulled my heart out,
| G5   A5 |
And I don't mind bleed - ing
E5 | |
Any old time you keep me waiting,
G5 | A5 ‖
Waiting, waiting.

Copyright © 2011 McMoore McLesst Publishing (BMI) and Sweet Science (ASCAP)
All Rights on behalf of McMoore McLesst Publishing in the world excluding Australia and New Zealand Administered by Wixen Music Publishing, Inc.
All Rights on behalf of McMoore McLesst Publishing in Australia and New Zealand Administered by GaGa Music
All Rights Reserved   Used by Permission

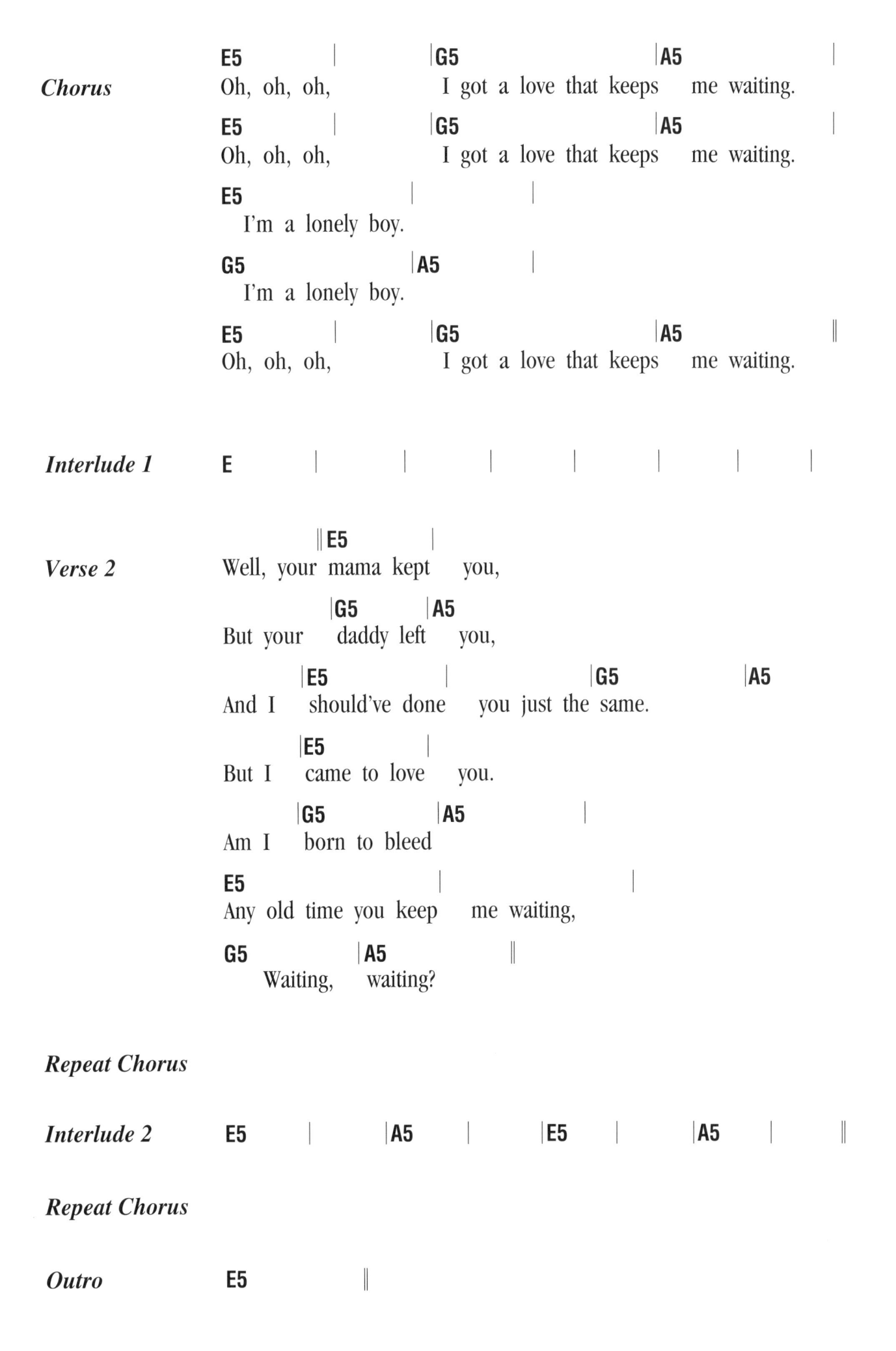

Chorus

| E5 | | G5 | A5 | |

Oh, oh, oh,   I got a love that keeps   me waiting.

| E5 | | G5 | A5 | |

Oh, oh, oh,   I got a love that keeps   me waiting.

| E5 | | |

  I'm a lonely boy.

| G5 | A5 | |

  I'm a lonely boy.

| E5 | | G5 | A5 | ‖

Oh, oh, oh,   I got a love that keeps   me waiting.

Interlude 1 | E | | | | | | |

Verse 2

‖ E5 |

Well, your mama kept   you,

| G5 | A5 |

But your   daddy left   you,

| E5 | | G5 | A5 |

And I   should've done   you just the same.

| E5 |

But I   came to love   you.

| G5 | A5 |

Am I   born to bleed

| E5 | | |

Any old time you keep   me waiting,

| G5 | A5 | ‖

  Waiting,   waiting?

Repeat Chorus

Interlude 2 | E5 | A5 | E5 | A5 | ‖

Repeat Chorus

Outro | E5 ‖

The One That Got Away

Words and Music by
Katy Perry, Max Martin
and Lukasz Gottwald

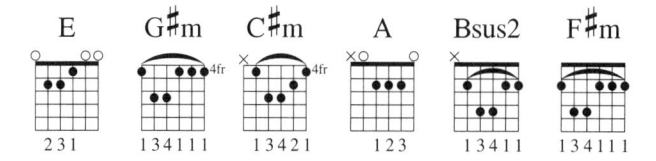

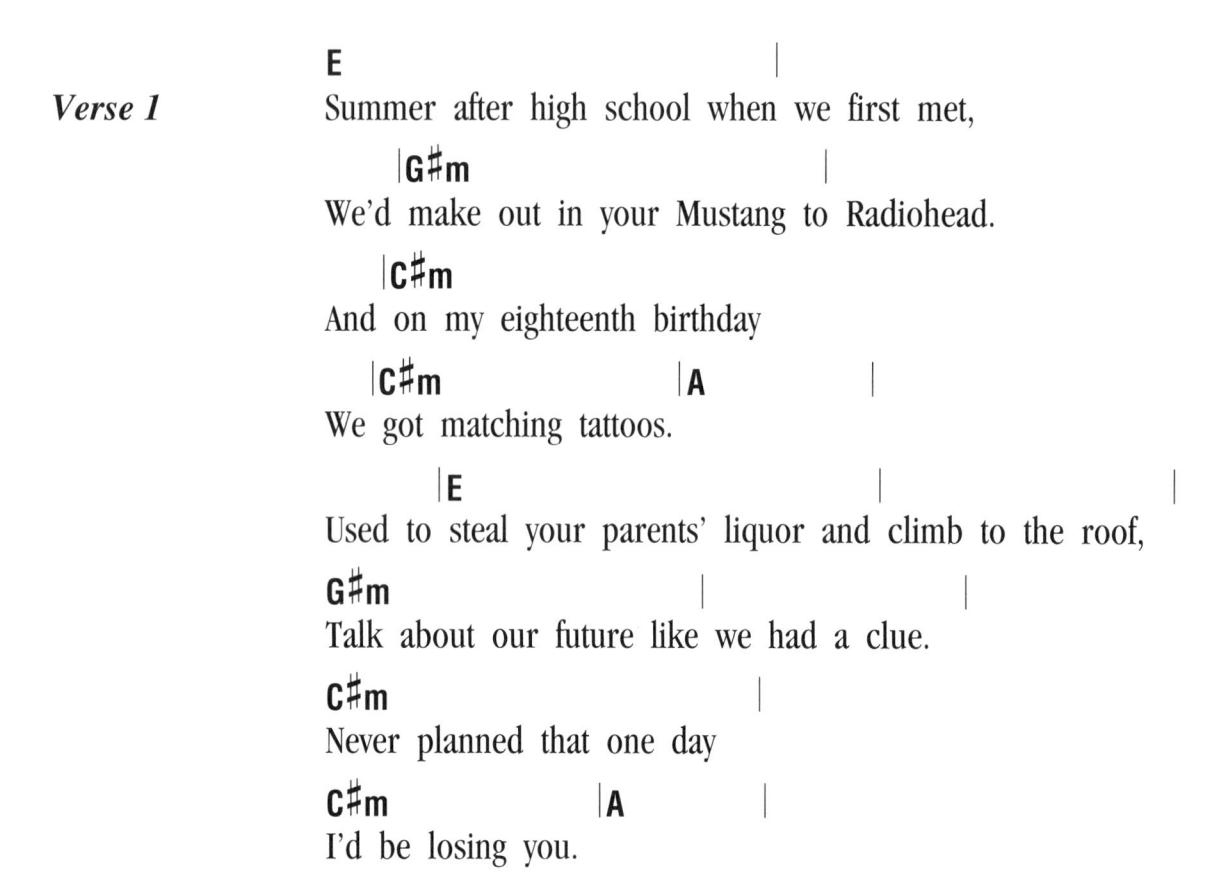

E   G#m   C#m   A   Bsus2   F#m

Verse 1

       E
Summer after high school when we first met,
   G#m
We'd make out in your Mustang to Radiohead.
  C#m
And on my eighteenth birthday
  C#m   A
We got matching tattoos.
     E
Used to steal your parents' liquor and climb to the roof,
G#m
Talk about our future like we had a clue.
C#m
Never planned that one day
C#m   A
I'd be losing you.

Chorus

      A ||E
In another life

E |G♯m
I would be your girl.

G♯m |C♯m
We'd keep all our prom - ises,

   |C♯m |A
Be us   against the world.

A |E
In another life

E |G♯m
I would make you stay

 |G♯m |C♯m
So I don't have to say

        |C♯m |A
You were the one   that got away,

   |A |N.C. ||
The one that got away.

Verse 2

E
I was June and you were my Johnny Cash.

   |G♯m
Never one without the other; we made a pact.

C♯m
Sometimes when I miss you,

 |C♯m |A
I put those records on,   woh.

E
Someone said you had your tattoo removed,

G♯m
Saw you downtown singing the blues.

   |C♯m
It's time to face the music:

   |C♯m |A
I'm no longer your muse.   But…

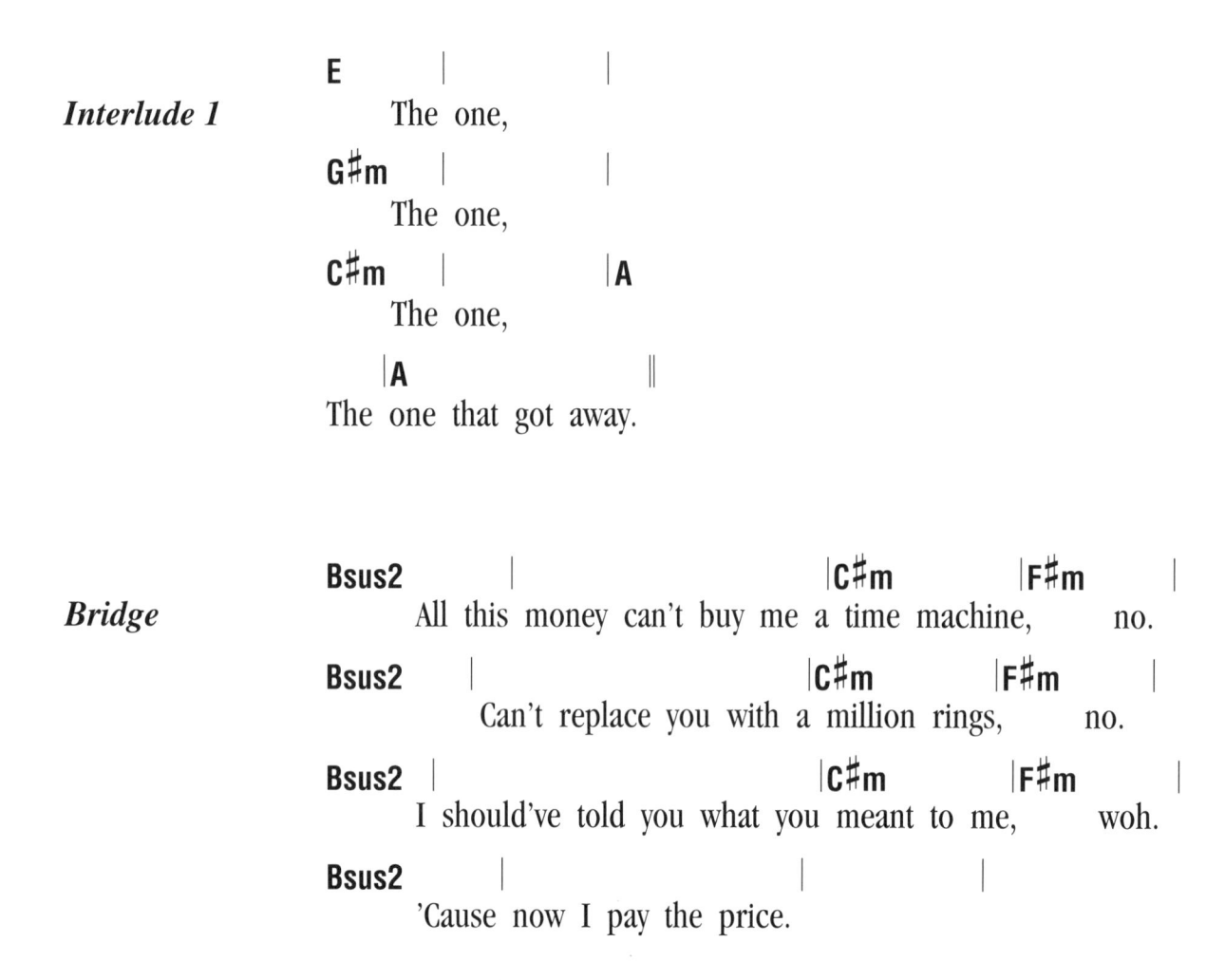

Repeat Chorus

Interlude 1

E		
The one,

G♯m | |
The one,

C♯m | |A
The one,

|A ‖
The one that got away.

Bridge

Bsus2 | |C♯m |F♯m |
All this money can't buy me a time machine,   no.

Bsus2 | |C♯m |F♯m |
Can't replace you with a million rings,   no.

Bsus2 | |C♯m |F♯m |
I should've told you what you meant to me,   woh.

Bsus2 | | |
'Cause now I pay the price.

Repeat Chorus

Interlude 2

| E | | |
       The one,

| G♯m | |
       The one,

| C♯m | | A |
       The one.

Outro

     A   ‖ E |
In another life

E | G♯m
I would make you stay

   | G♯m | C♯m
So I don't have to say

                    | C♯m | A
You were the one   that got away,

    | A | E   ‖
The one that got away.

The Only Exception

Words and Music by
Hayley Williams and Josh Farro

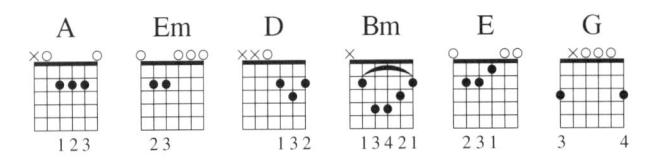

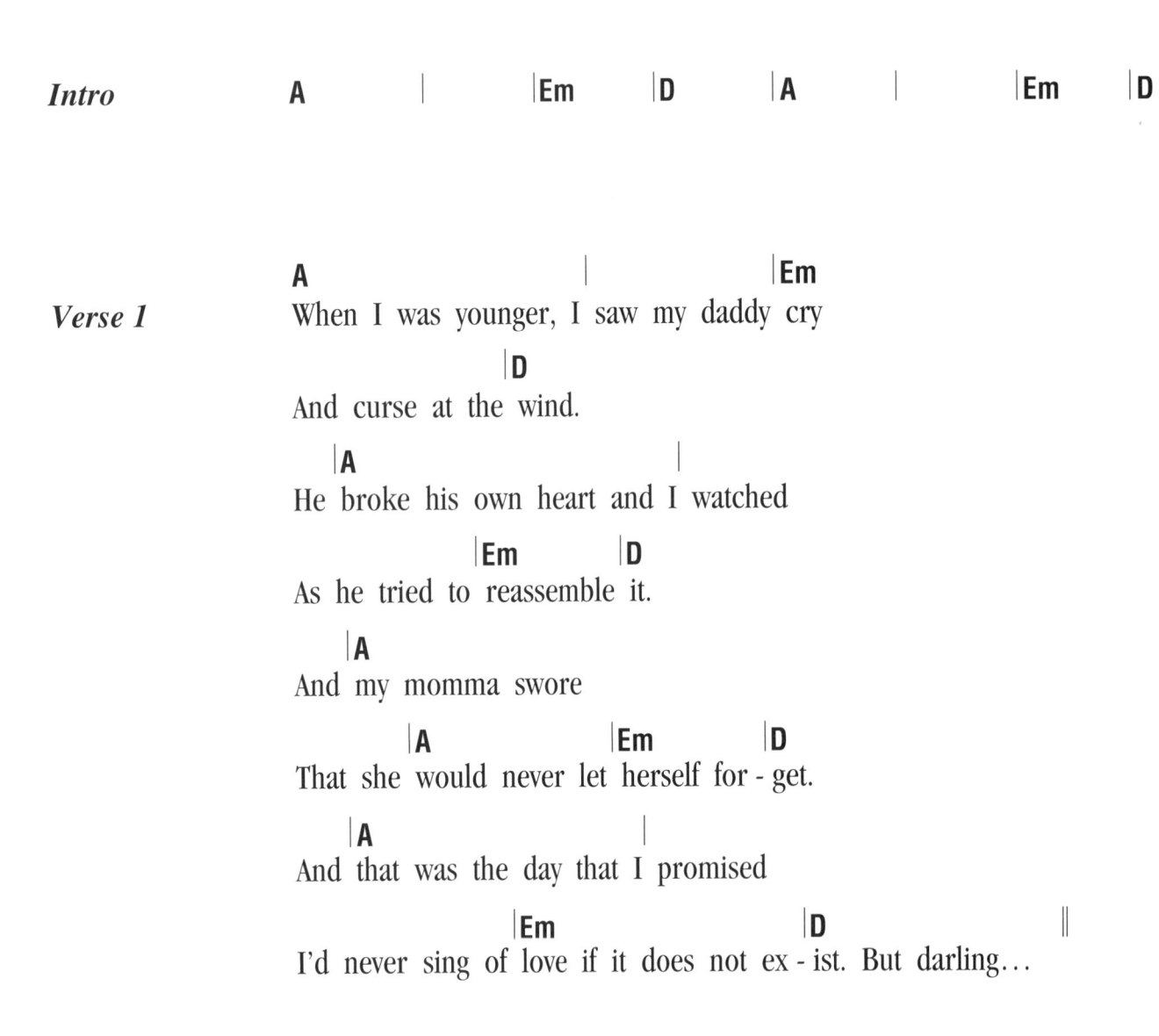

```
A      Em     D      Bm     E      G
```

Intro | A | | Em | D | A | | Em | D ||

Verse 1

| A | | Em |
When I was younger, I saw my daddy cry
| D |
And curse at the wind.
| A | |
He broke his own heart and I watched
| Em | D |
As he tried to reassemble it.
| A |
And my momma swore
| A | Em | D |
That she would never let herself for-get.
| A | |
And that was the day that I promised
| Em | D | ||
I'd never sing of love if it does not ex-ist. But darling...

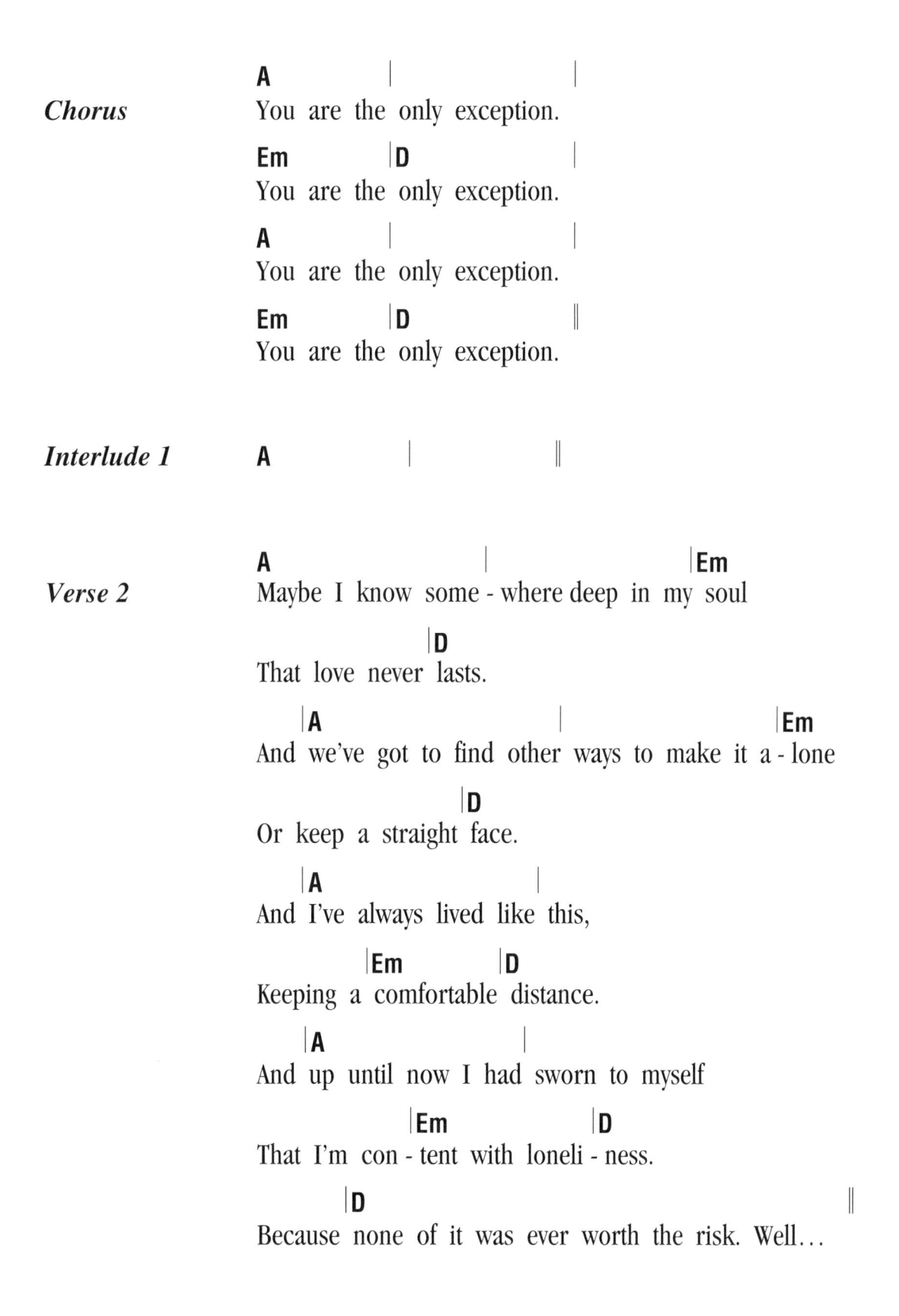

Chorus

  A
You are the only exception.
  Em |**D**
You are the only exception.
  A
You are the only exception.
  Em |**D**
You are the only exception.

Interlude 1 **A**

Verse 2

  A |**Em**
Maybe I know some - where deep in my soul
     |**D**
That love never lasts.
  |**A** |**Em**
And we've got to find other ways to make it a - lone
      |**D**
Or keep a straight face.
  |**A**
And I've always lived like this,
   |**Em** |**D**
Keeping a comfortable distance.
  |**A**
And up until now I had sworn to myself
    |**Em** |**D**
That I'm con - tent with loneli - ness.
   |**D**
Because none of it was ever worth the risk. Well…

Repeat Chorus

Interlude 2   Bm | |A |E |Bm | |A |E

Bridge
‖Bm
I've got a tight grip on reality,
|Bm |A |E
But I can't let go of what's in front of me here.
|Bm
I know you're leaving in the morning
|Bm
When you wake up.
|A
Leave me with some kind of proof
|E |D | ‖
It's not a dream, oh.

Repeat Chorus (2x)

Outro
‖G |D |A |
And I'm on my way to believing.
|G |D |A   ‖
Oh, and I'm on my way to believing.

Rolling in the Deep

Words and Music by
Adele Adkins and Paul Epworth

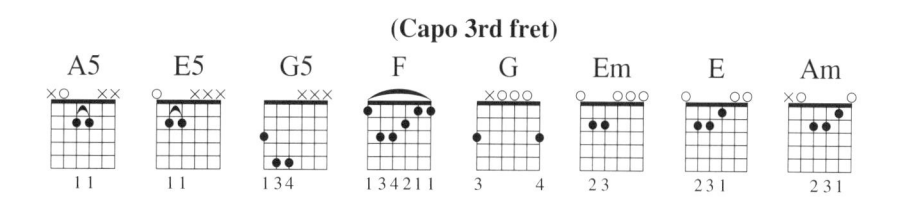

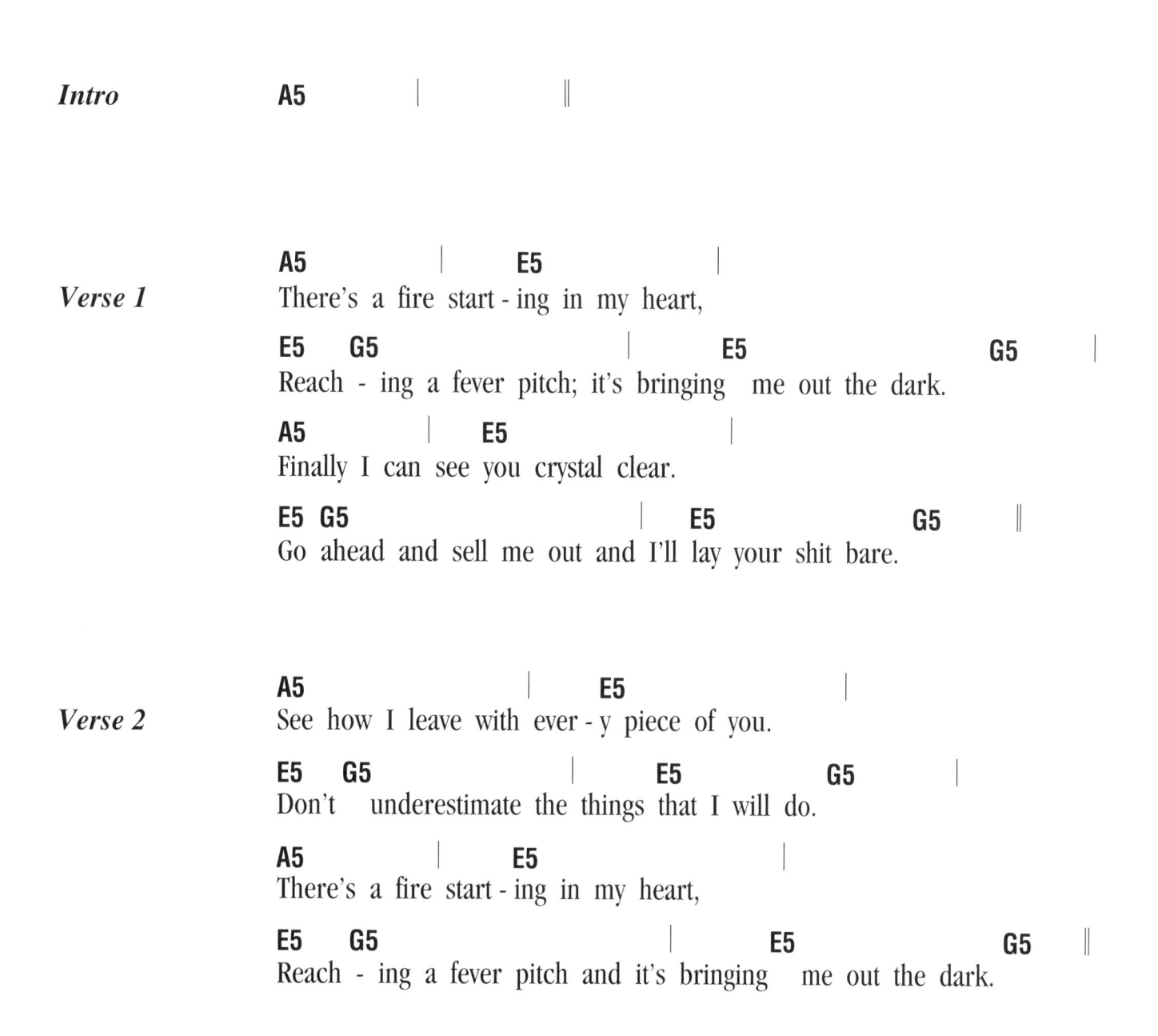

(Capo 3rd fret)

A5　E5　G5　F　G　Em　E　Am

Intro　　A5　｜　　　｜｜

Verse 1
　　　　A5　　　　｜　E5　　　｜
There's a fire start-ing in my heart,
E5　G5　　　　　　｜　E5　　　　　G5　｜
Reach-ing a fever pitch; it's bringing me out the dark.
A5　　　　　｜　E5　　　｜
Finally I can see you crystal clear.
E5　G5　　　　　　　｜　E5　　　　　G5　｜｜
Go ahead and sell me out and I'll lay your shit bare.

Verse 2
　　　A5　　　　　｜　E5　　　　｜
See how I leave with ev-er-y piece of you.
E5　G5　　　　　　｜　E5　　　G5　｜
Don't underestimate the things that I will do.
A5　　　　　｜　E5　　　｜
There's a fire start-ing in my heart,
E5　G5　　　　　　　｜　E5　　　　　G5　｜｜
Reach-ing a fever pitch and it's bringing me out the dark.

Copyright © 2010, 2011 UNIVERSAL MUSIC PUBLISHING LTD. and EMI MUSIC PUBLISHING LTD.
All Rights for UNIVERSAL MUSIC PUBLISHING LTD. in the U.S. and Canada Controlled and Administered by UNIVERSAL - SONGS OF POLYGRAM INTERNATIONAL, INC.
All Rights for EMI MUSIC PUBLISHING LTD. in the U.S. and Canada Controlled and Administered by EMI BLACKWOOD MUSIC INC.
All Rights Reserved   Used by Permission

Pre-Chorus

```
            F           |G                       |Em
            The scars of your love remind me of us.
                        |F                                    |
            They keep me thinking that we almost had it all.
                        |G                       |Em
            The scars of your love, they leave me breathless.
                        |E
            I can't help feeling
```

Chorus 1

```
                                  ‖Am           |G
            We could have had it all,
                        |F           |
            Rolling in the deep.
            G                       |Am           |G
            You had my heart in-side of your hand
                        |F           |       G    ‖
            And you played   it to the beat.
```

Verse 3

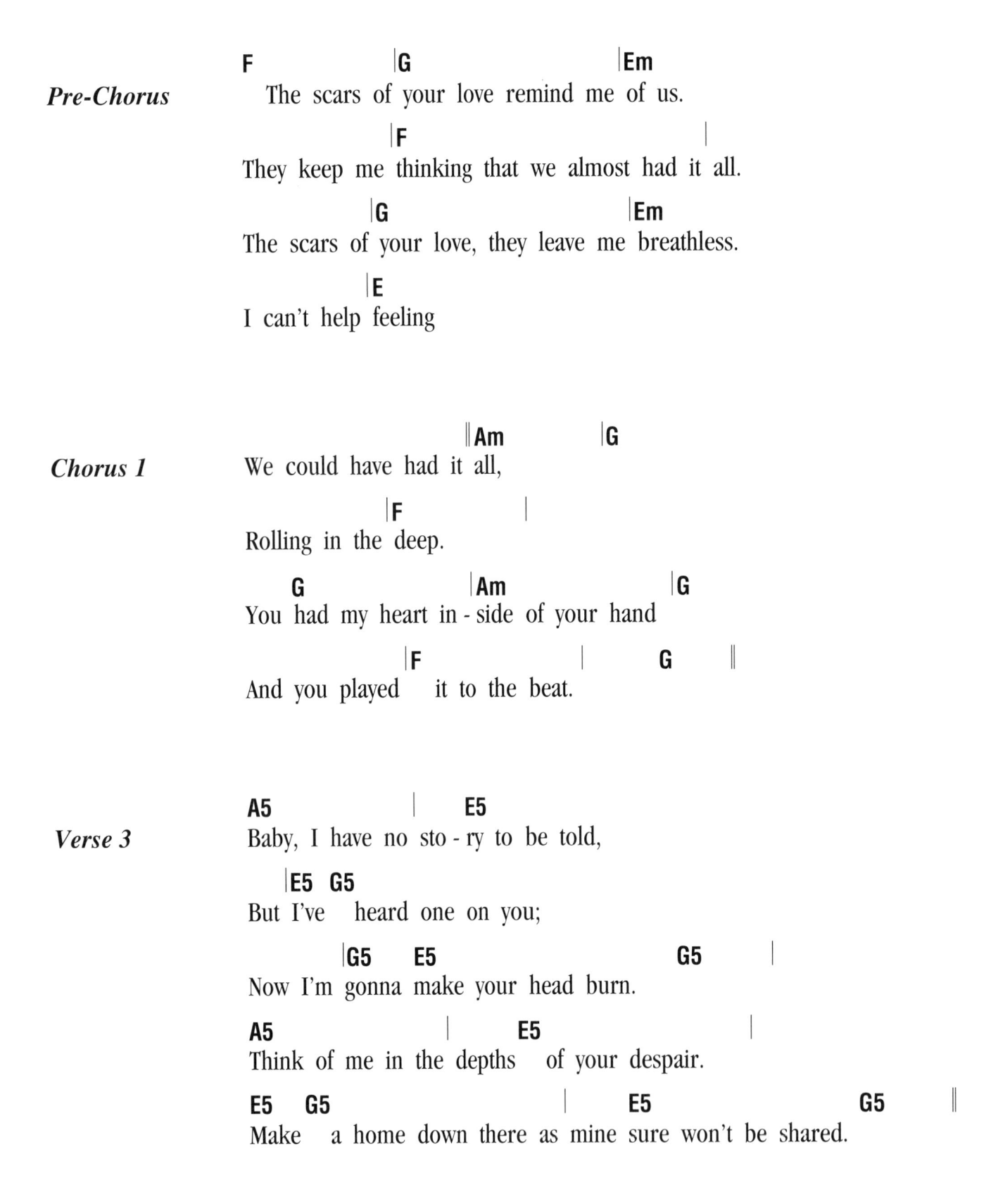

```
            A5              |  E5
            Baby, I have no sto-ry to be told,
              |E5  G5
            But I've  heard one on you;
              |G5   E5                    G5       |
            Now I'm gonna make your head burn.
            A5              |     E5                |
            Think of me in the depths  of your despair.
            E5  G5          |   E5                G5     ‖
            Make  a home down there as mine sure won't be shared.
```

Repeat Pre-Chorus

Repeat Chorus 1

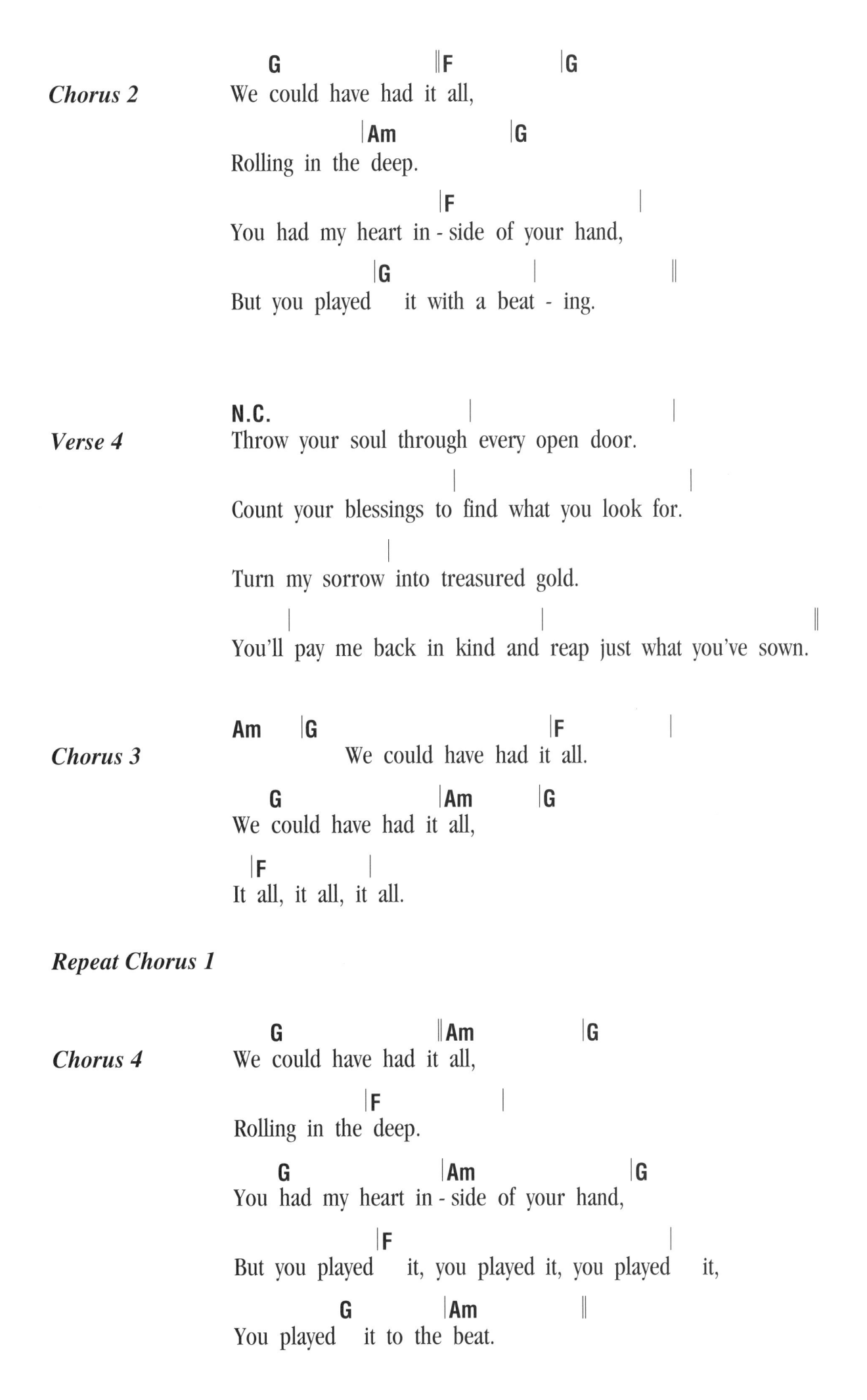

Chorus 2

            G ||F |G
We could have had it all,
                  |Am |G
Rolling in the deep.
                          |F |
You had my heart in-side of your hand,
                  |G | ||
But you played it with a beat - ing.

Verse 4

N.C. | |
Throw your soul through every open door.
                    | |
Count your blessings to find what you look for.
              |
Turn my sorrow into treasured gold.
      | | ||
You'll pay me back in kind and reap just what you've sown.

Chorus 3

Am |G |F |
           We could have had it all.
  G |Am |G
We could have had it all,
 |F |
It all, it all, it all.

Repeat Chorus 1

Chorus 4

           G ||Am |G
We could have had it all,
            |F |
Rolling in the deep.
        G |Am |G
You had my heart in-side of your hand,
              |F |
But you played it, you played it, you played it,
         G |Am ||
You played it to the beat.

Poison & Wine

Words and Music by
Christopher Lindsey, John Paul White
and Joy Williams

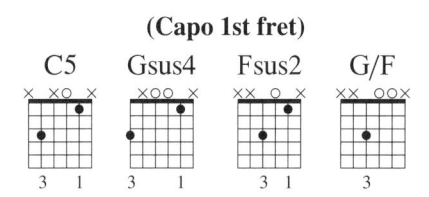

(Capo 1st fret)

C5   Gsus4   Fsus2   G/F

Intro

| C5 | Gsus4 | Fsus2 | |

Verse 1

|C5 |Gsus4 |Fsus2 |
You only know what I   want you to.
|C5 |Gsus4 |Fsus2 |G/F   Fsus2
I know everything you don't want me to.
|C5 |Gsus4 |Fsus2 |G/F   Fsus2
Your mouth is poison, your mouth is wine.
|C5 |Gsus4 |Fsus2 |G/F   Fsus2
You think your dreams are the same as mine.

Chorus 1

|C5 |Gsus4
Ooh, I don't love you but I always will.
|Fsus2 |Gsus4 |
Ooh, I don't love you but I always will.
C5 |Gsus4
I don't love you but I always will,
|Fsus2 |
I always will.

Copyright © 2013 Little Vampire Music and Sensibility Songs
All Rights for Little Vampire Music Administered by BMG Rights Management (US) LLC
All Rights Reserved   Used by Permission

Verse 2

```
         ‖C5                    |Gsus4        |Fsus2     |G/F   Fsus2
         I wish you'd hold me when I turn my back.
          |C5                   |Gsus4        |Fsus2     |G/F   Fsus2
         The less I give the more   I get back.
                |C5                 |Gsus4        |Fsus2         |
         Ooh, your hands can heal, your hands can bruise.
                |C5                 |Gsus4              |Fsus2         |
         I don't have a choice but I     still choose you.
```

Chorus 2

```
              ‖C5                |Gsus4
         Oh, I don't love you but I always will.
             |Fsus2            |Gsus4              |
         Oh, I don't love you but I always will.
         C5                 |Gsus4
         I don't love you but I always will.
             |Fsus2            |                  |
         Oh, I don't love you but I always will.
         C5                 |Gsus4              |
         I don't love you but I always will.
         Fsus2              |Gsus4              |
         I don't love you but I always will.
         C5                 |Gsus4
         I don't love you but I always will.
            |Fsus2    |     |C5         |Gsus4
         I always will,    I always will,
            |Fsus2   |Gsus4 |C5         |Gsus4
         I always will,    I always will,
            |Fsus2         |G/F                  ‖
         I always will.
```

Set Fire to the Rain

Words and Music by
Adele Adkins and Fraser Smith

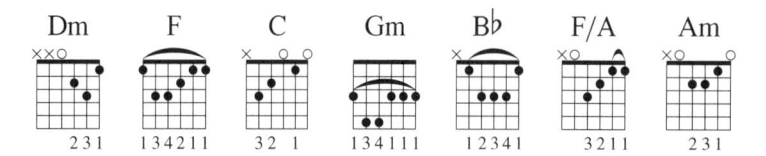

Dm F C Gm B♭ F/A Am

Intro |Dm   F | |C   Gm |

Verse 1
|Dm |F
I let it fall, my heart,
   |C |Gm
And as it fell you rose to claim   it.
   |Dm |F
It was dark and I was o - ver
   |C |
Until you kissed my lips and you saved   me.

Verse 2
|Dm |F
My hands, they're strong,
   |C |Gm
But my knees were far too weak
   |Dm |F
To stand in your arms
   |C |
Without fall - ing to your feet.

Pre-Chorus

                     ‖B♭ |Gm
But there's a side to you that I never knew, never knew.
        |Dm
All the things you'd say, they were never true, never true.
       |B♭ |C
And the games you play, you would always win, always win.

Chorus 1

           ‖Dm
But I set fire to the rain,
                 |C
Watched it pour   as I touched your face.
            |Gm
Well, it burned,   well, I cried
            |Gm |Dm |C
'Cause I heard   it screaming out your name, your name!

Verse 3

          ‖Dm |F
When I lay with you,
            |C |Gm
I could stay   there, close   my eyes,
          |Dm |F
Feel you here   forev - er.
          |C
You and me   together, nothing is bet - ter.

Repeat Pre-Chorus

Repeat Chorus 1

Chorus 2

|**Dm** |
I set fire to the rain
     |**C** |
And I threw us into the flames.
     |**Gm**
When it fell, something died
     |**Gm** |**B♭** |**C**
'Cause I knew that that was the last time, the last time.

Bridge

|**B♭** |**F/A**
Sometimes I wake up by the door;
    |**Am** |**C**
That heart you caught must be waiting for you
   |**B♭** |**F/A**
Even now when we're already o - ver,
   |**Am** |**C**
I can't help myself from looking for you.

Repeat Chorus 1

Repeat Chorus 2

Outro

|**Dm** | |**C** |
Oh, oh, no, oh,
  |**Gm** | |**Dm** |**C**
Let it burn, oh,
  |**Dm** | |**C** |
Let it burn,
  |**Gm** | |**B♭** |**C** |**N.C.** ||
Let it burn.

Some Nights

Words and Music by
Jeff Bhasker, Andrew Dost, Jack Antonoff
and Nate Ruess

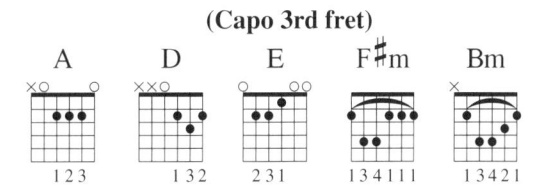

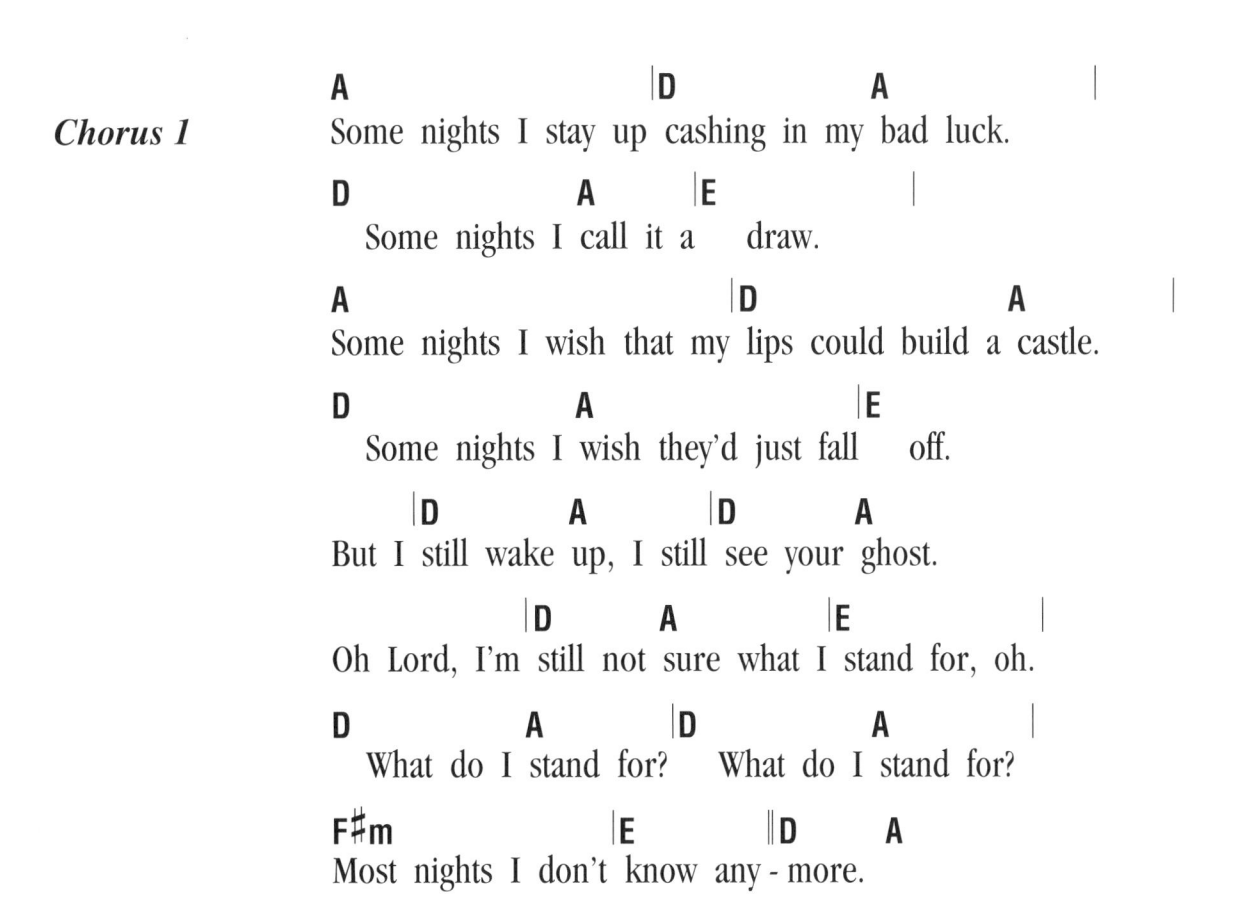

(Capo 3rd fret)

A   D   E   F#m   Bm

Chorus 1

    A |D   A |
Some nights I stay up cashing in my bad luck.

D   A |E |
  Some nights I call it a   draw.

A |D   A |
Some nights I wish that my lips could build a castle.

D   A |E
  Some nights I wish they'd just fall   off.

   |D   A |D   A
But I still wake up, I still see your ghost.

   |D   A |E |
Oh Lord, I'm still not sure what I stand for, oh.

D   A |D   A |
  What do I stand for?   What do I stand for?

F#m |E ||D   A
Most nights I don't know any - more.

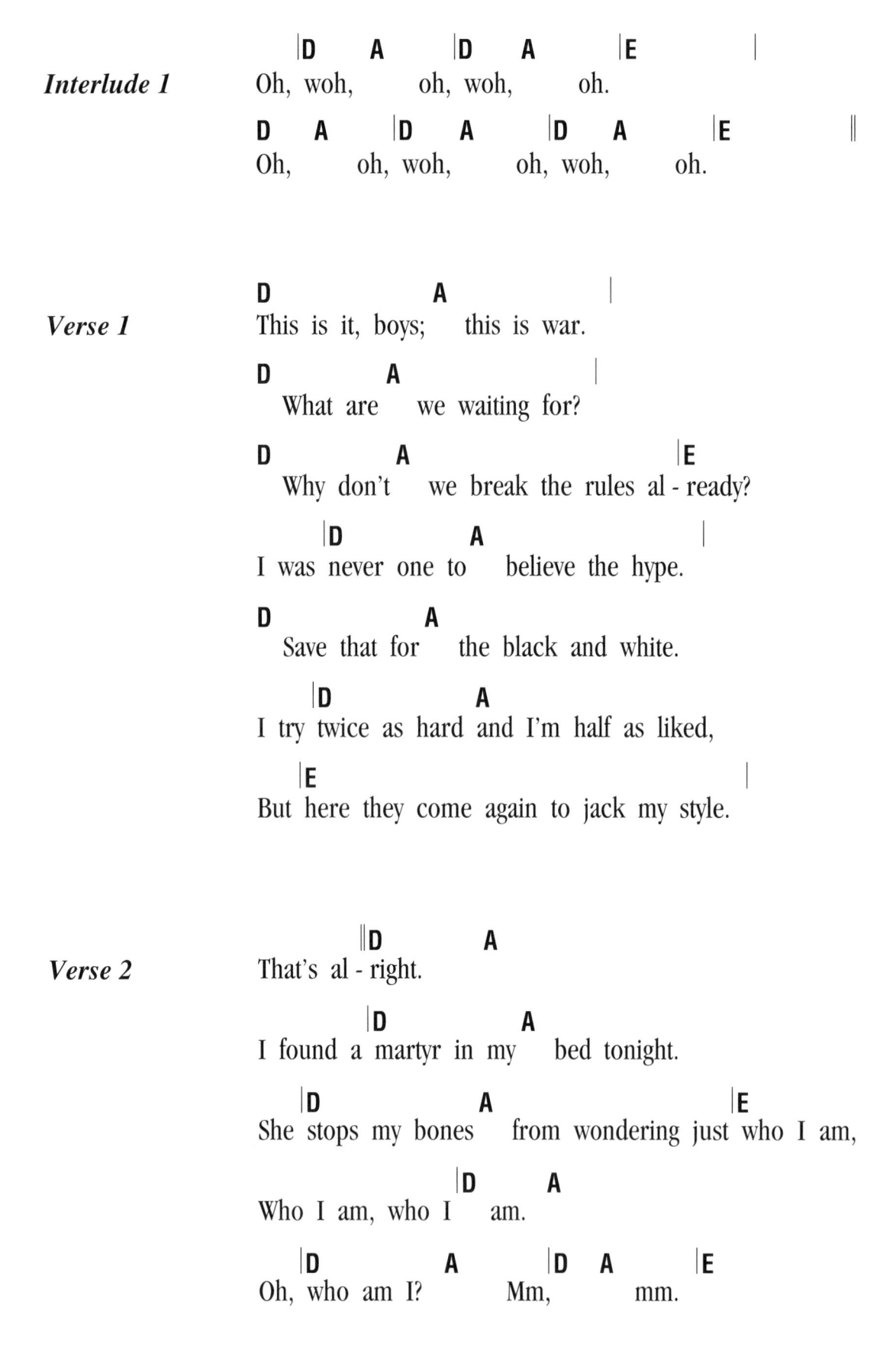

Interlude 1

|D A |D A |E |
Oh, woh,   oh, woh,   oh.

D A |D A |D A |E ||
Oh,   oh, woh,   oh, woh,   oh.

Verse 1

D   A |
This is it, boys;   this is war.

D   A |
  What are   we waiting for?

D   A |E
  Why don't   we break the rules al - ready?

  |D   A |
I was never one to   believe the hype.

D   A
  Save that for   the black and white.

  |D   A
I try twice as hard and I'm half as liked,

  |E |
But here they come again to jack my style.

Verse 2

      ||D   A
That's al - right.

   |D   A
I found a martyr in my   bed tonight.

   |D   A |E
She stops my bones   from wondering just who I am,

            |D   A
Who I am, who I   am.

   |D   A |D A |E
Oh, who am I?   Mm,   mm.

Chorus 2

‖**A** |**D**   **A**
Well, some nights I wish that this all would end
    |**D**   **A** |**E**
'Cause I could use some friends for a   change.
    |**A** |**D**   **A**
And some nights I'm scared you'll for - get me a - gain.
    |**D**   **A** |**E**
Some nights I always win (I always win).
    |**D**   **A** |**D**   **A**
But I still wake up, I still see your ghost.
       |**D**   **A** |**E** |
Oh Lord, I'm still not sure what I stand for, oh.
D   **A** |**D**   **A** |
  What do I stand for?   What do I stand for?
F♯m |**E**   ‖
Most nights I don't know. (Oh, come on.)

Verse 3

D |**A** |
  So this is it;   I sold my soul for this.

E
  Washed my hands of that for this?

|**E**
  I miss my mom and dad for this?

   |**D** |
No,   when I see stars, when I see,

A
  When I see stars, that's all they are.

      |**E** | |**D**
When I hear songs, they sound like this one, so come on.

              |**A** |**E** |
Oh, come on. Oh, come on. Oh, come on.

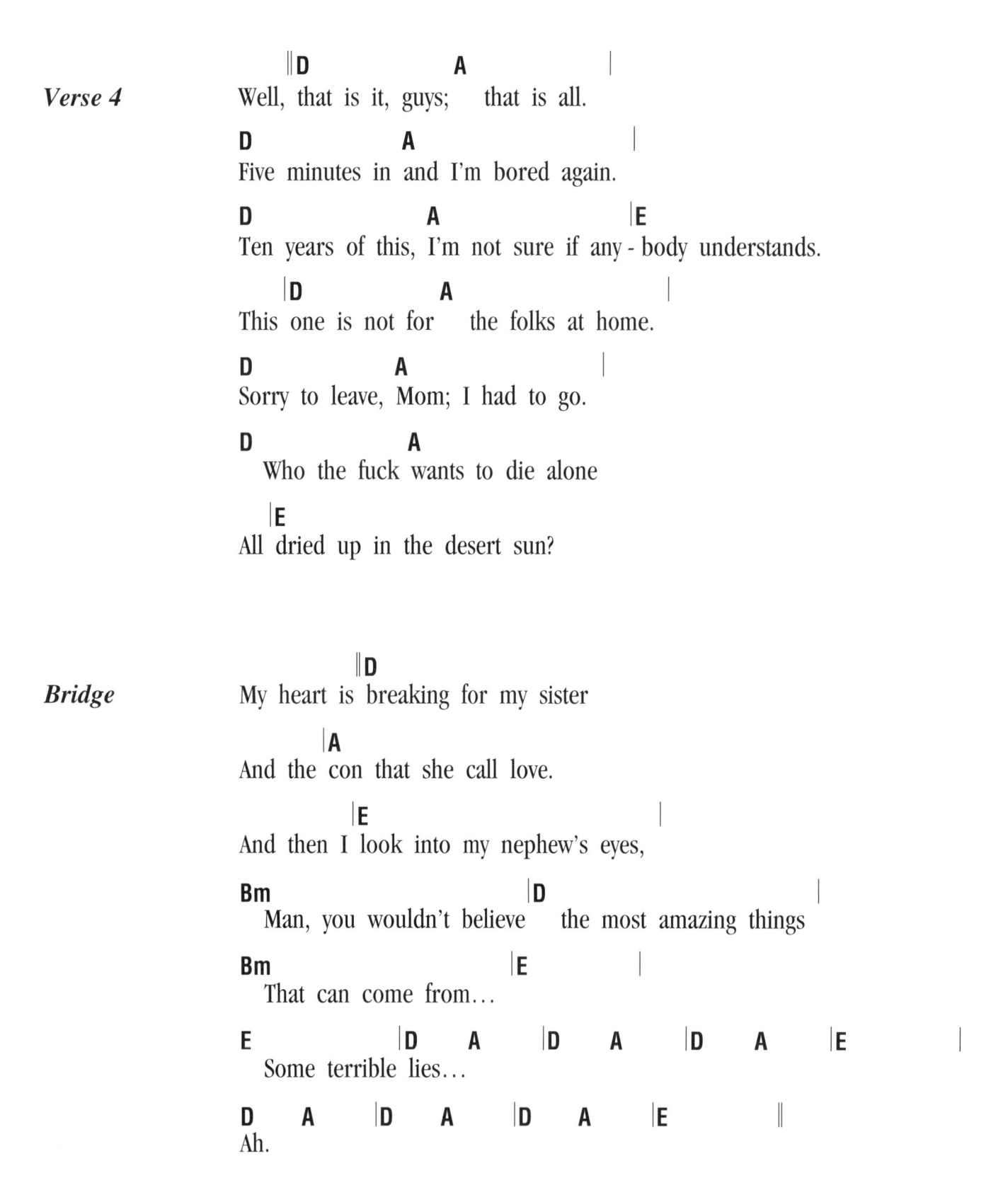

Verse 4

‖D   A |
Well, that is it, guys; that is all.

D   A |
Five minutes in and I'm bored again.

D   A |E
Ten years of this, I'm not sure if any-body understands.

|D   A |
This one is not for the folks at home.

D   A |
Sorry to leave, Mom; I had to go.

D   A
Who the fuck wants to die alone

|E
All dried up in the desert sun?

Bridge

‖D
My heart is breaking for my sister

|A
And the con that she call love.

|E |
And then I look into my nephew's eyes,

Bm |D |
Man, you wouldn't believe the most amazing things

Bm |E |
That can come from…

E |D A |D A |D A |E |
Some terrible lies…

D A |D A |D A |E ‖
Ah.

Interlude 2

```
        D    A   |D    A    |D    A    |E         |
        Oh,  oh, woh,  oh, woh,    oh.
        D    A   |D    A    |D    A    |E         ‖
        Oh,  oh, woh,  oh, woh,    oh.
```

Verse 5

```
        D                A
        The other night    you wouldn't believe
              |D              A           |
        The dream    I just had about you and me.
        D                A              |E         |
        I called you up but we'd both agree
        D    A                    |D    A    |
        It's for the best you didn't lis - ten,
        D    A                    |E         |
        It's for the best we get our dis - tance, oh.
        D    A                    |D    A    |
        It's for the best you didn't lis - ten,
        D    A                    |E         ‖
        It's for the best we get our dis - tance, oh.
```

Repeat and fade

Outro

```
        ‖: D    A   |D    A    |D    A    |E        :‖
```

Stronger
(What Doesn't Kill You)

Words and Music by
Greg Kurstin, Jorgen Elofsson, David Gamson
and Alexandra Tamposi

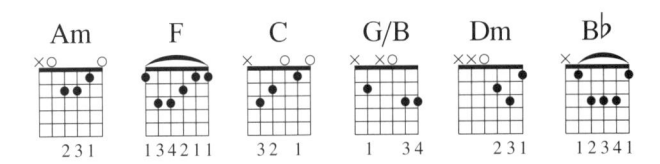

Am F C G/B Dm B♭

Intro |Am |F |C |G/B ||

Verse 1

Am |F |
You know the bed feels warm - er
C |G/B |
Sleeping here alone.
Am |F |
You know I dream in col - or
|C |G/B |
And do the things I want.

Am |
You think you got the best of me,
F |
Think you've had the last laugh.
C |G/B |
Bet you think that everything good is gone,
Am |
Think you left me broken down,
F |
Think that I'd come running back.
C
Baby, you don't know me,
|G/B |
'Cause you're dead wrong.

© 2011 EMI APRIL MUSIC INC., KURSTIN MUSIC, UNIVERSAL MUSIC PUBLISHING MGB SCANDINAVIA, BMG GOLD SONGS and PERFECT STORM MUSIC GROUP AB
All Rights for KURSTIN MUSIC Controlled and Administered by EMI APRIL MUSIC INC.
All Rights for UNIVERSAL MUSIC PUBLISHING MGB SCANDINAVIA in the United States and Canada Administered by UNIVERSAL MUSIC - CAREERS
All Rights for BMG GOLD SONGS Administered by BMG RIGHTS MANAGEMENT (US) LLC
All Rights for PERFECT STORM MUSIC GROUP AB Administered by SONY/ATV MUSIC PUBLISHING LLC, 8 Music Square West, Nashville, TN 37203
All Rights Reserved   International Copyright Secured   Used by Permission

Chorus

    N.C.   **Am**
What doesn't kill you makes you stronger,

        F
Stand a little taller.

            C
Doesn't mean I'm lonely when I'm alone.

G/B   **Am**
What doesn't kill you makes a fighter,

        F
Footsteps even lighter.

            C
Doesn't mean I'm over 'cause you're gone.

G/B
What doesn't kill you makes you

Am   **F**
Stronger, strong - er,

 C
Just me, myself, and I.

G/B   **Am**
What doesn't kill you makes you stronger,

        F
Stand a little taller.

            C   **G/B**
Doesn't mean I'm lonely when I'm alone.

Verse 2

    Am   **F**   **C**   **G/B**
You heard that I was start - ing over with someone new.

    Am   **F**   **C**   **G/B**
They told you I was mov - ing on over you.

Am
You didn't think that I'd come back,

F
I'd come back swinging.

C   **N.C.**
You tried to break me, but you see…

Repeat Chorus

Bridge

    Dm
  Thanks to you I got a new thing started.
B♭
  Thanks to you I'm not the brokenhearted.
Am
  Thanks to you I'm finally thinking 'bout me.
  |F
You know, in the end the day you left
           |Am
Was just my begin - ning.
F   **|C**   **|N.C.**
  In the end.

Repeat Chorus

Outro

    G/B
  What doesn't kill you makes you
Am   **|F**
  Stronger, strong - er,
  |C
Just me, myself, and I.
G/B   **|Am**
  What doesn't kill you makes you stronger,
    |F
Stand a little taller.
            |C   **|G/B**
Doesn't mean I'm lonely when I'm alone,
        |Am   **|F**   **|C**   **|G/B**
When I'm alone.

U Smile

Words and Music by
Justin Bieber, Arden Altino,
Jerry Duplessis and Dan Rigo

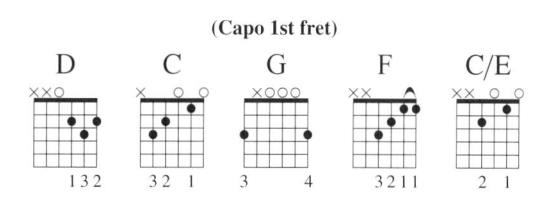

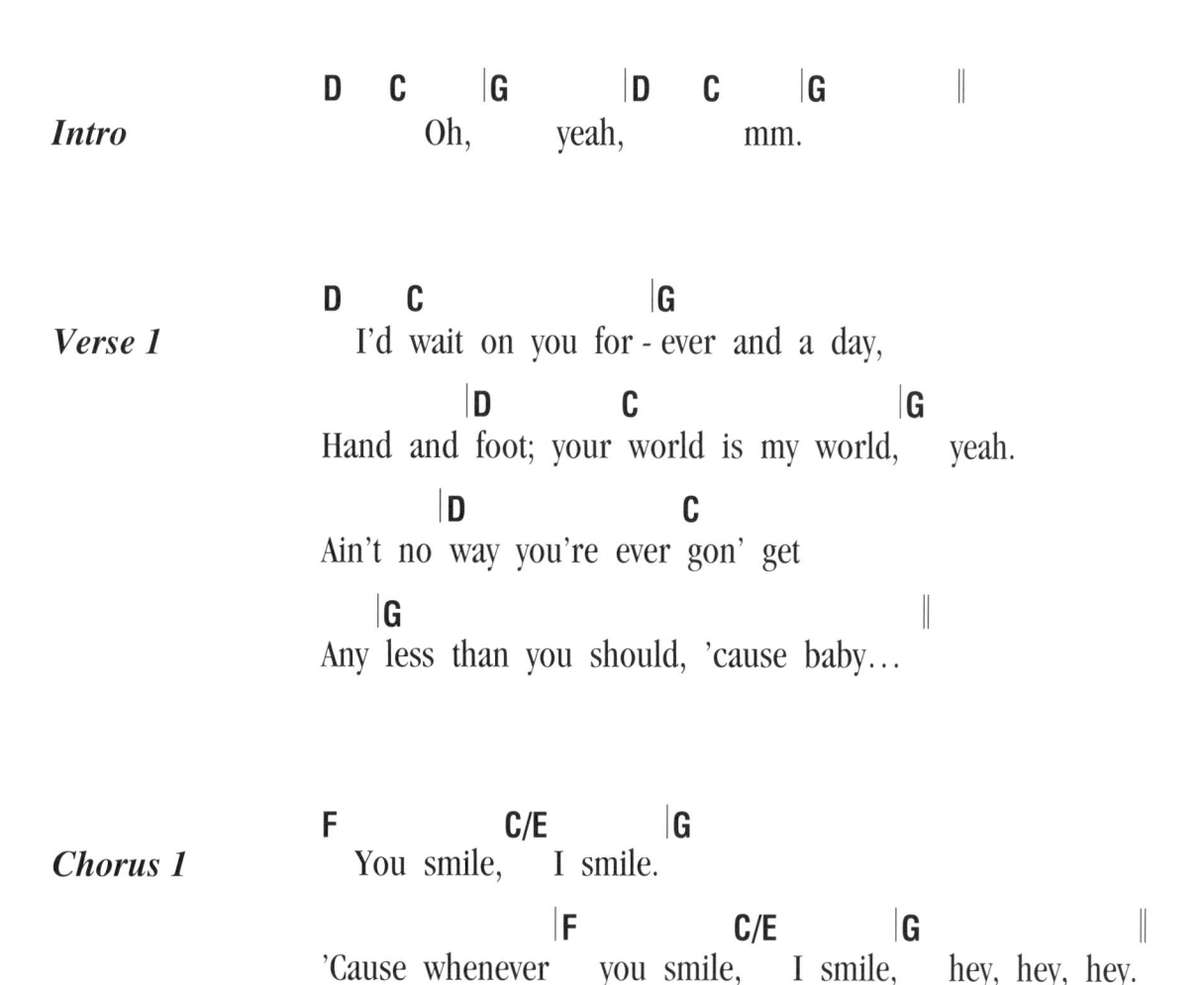

(Capo 1st fret)

D C G F C/E

	D C	G	D C	G	
Intro	Oh, yeah, mm.

	D C	G
Verse 1	I'd wait on you for - ever and a day,
	|D C |G
	Hand and foot; your world is my world, yeah.
		D C
	Ain't no way you're ever gon' get
	|G ||
	Any less than you should, 'cause baby…

	F C/E	G
Chorus 1	You smile, I smile.
	|F C/E |G ||
	'Cause whenever you smile, I smile, hey, hey, hey.

Verse 2

```
        D    C            |G
      Your lips, my biggest weakness.
                               |D
      Shouldn't have let you know
         C              |G
      I'm always gonna do what they say.
          |D              C
      If you need me, I'll come runnin'
          |G                      ||
      From a thousand miles away.
```

Chorus 2

```
        F            C/E       |G              |
      When you smile,   I smile,   oh, woh, woh, ah.
        F         C/E      |G
      You smile,   I smile,    hey.
```

Bridge

```
         ||D                |G
      Baby, take my open heart    and all it offers,
                         |D              |G
      'Cause this is as unconditional as it'll ever get.
                                 |
      You ain't seen nothing yet.
         D              |G
      I won't ever hesi - tate
                                        ||
      To give you more, 'cause baby...
```

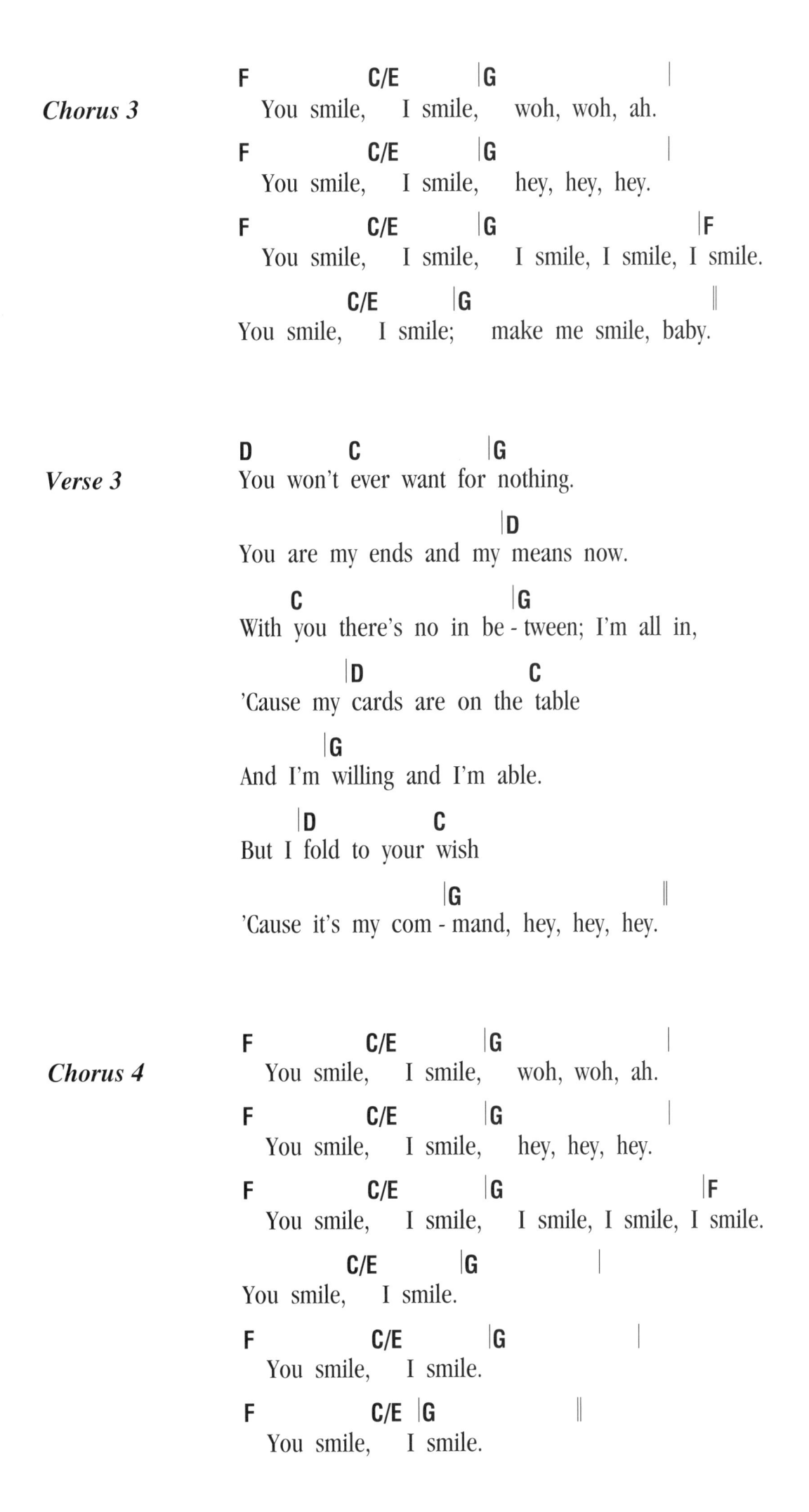

Chorus 3

F	C/E	G	

You smile, I smile, woh, woh, ah.

F	C/E	G	

You smile, I smile, hey, hey, hey.

F	C/E	G	F

You smile, I smile, I smile, I smile, I smile.

	C/E	G	

You smile, I smile; make me smile, baby.

Verse 3

D	C	G

You won't ever want for nothing.

		D

You are my ends and my means now.

C		G

With you there's no in be-tween; I'm all in,

D		C

'Cause my cards are on the table

G

And I'm willing and I'm able.

D	C

But I fold to your wish

G

'Cause it's my com-mand, hey, hey, hey.

Chorus 4

F	C/E	G	

You smile, I smile, woh, woh, ah.

F	C/E	G	

You smile, I smile, hey, hey, hey.

F	C/E	G	F

You smile, I smile, I smile, I smile, I smile.

	C/E	G	

You smile, I smile.

F	C/E	G	

You smile, I smile.

F	C/E	G	

You smile, I smile.

Try

Words and Music by
busbee and Ben West

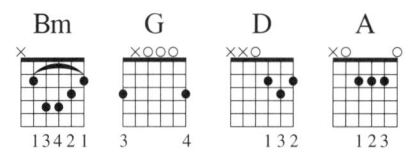

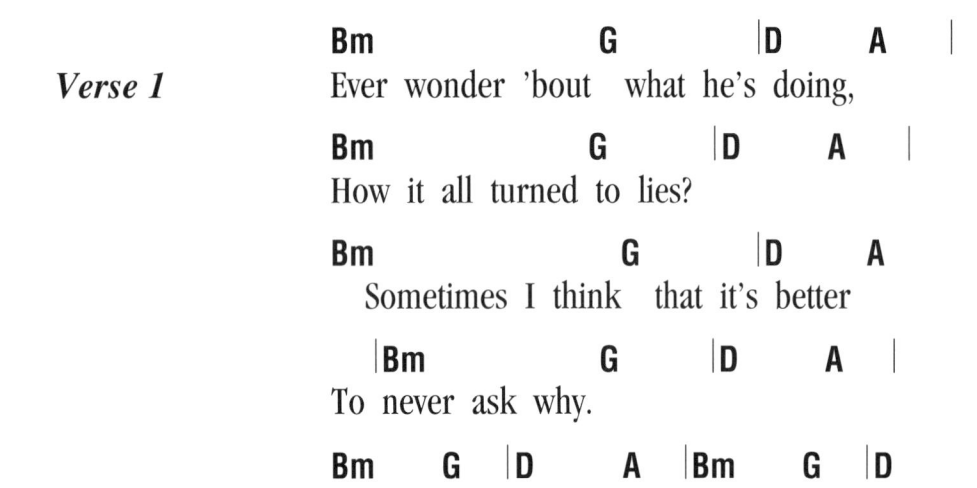

```
Bm   G   D   A
```

Intro | Bm G | D A | Bm G | D A |

| Bm G | D A | Bm G | D A ||

Verse 1

| Bm G | D A |
Ever wonder 'bout what he's doing,

| Bm G | D A |
How it all turned to lies?

| Bm G | D A |
Sometimes I think that it's better

| Bm G | D A |
To never ask why.

| Bm G | D A | Bm G | D |

Copyright © 2010 BMG Platinum Songs, Hello I Love You Music and Legitimate Efforts Music
All Rights Administered by BMG Rights Management (US) LLC
All Rights Reserved   Used by Permission

Chorus 1

                  ‖G
Where there is de - sire,

                       |D
There is gonna be a flame.

                |A
Where there is a flame,

                      |Bm
Someone's bound to get burned.

               |G
But just because it burns

                    |D
Doesn't mean you're gonna die.

            |A   **|Bm**
You gotta get up   and try and try and try.

         |G   **|D**
Gotta get up   and try and try and try.

            |A   **|Bm**   **G** |
You gotta get up   and try and try and try.

D   **A**   **|Bm**   **G**   **|D**   **A**   ‖

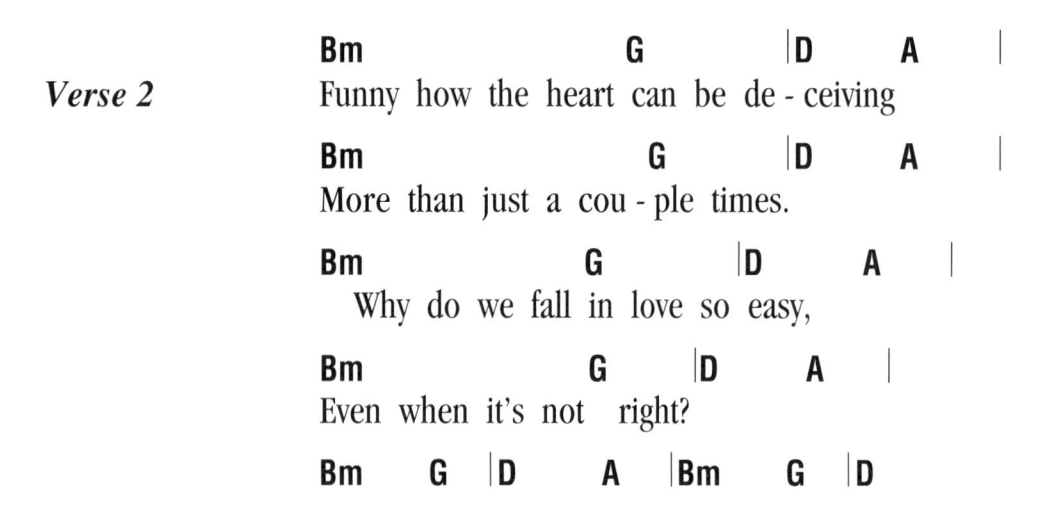

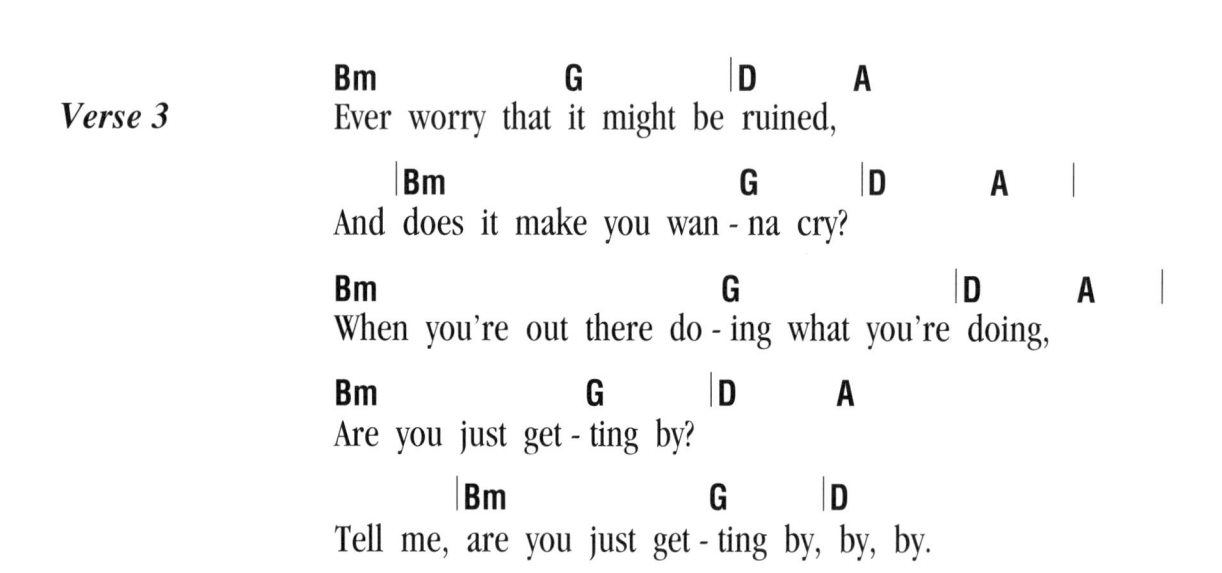

Verse 2

	Bm		G	|D	A	|

Funny how the heart can be de - ceiving

Bm		G	|D	A	|

More than just a cou - ple times.

Bm		G	|D	A	|

  Why do we fall in love so easy,

Bm		G	|D	A	|

Even when it's not right?

Bm	G	|D	A	|Bm	G	|D

Repeat Chorus 1

Verse 3

Bm	G	|D	A

Ever worry that it might be ruined,

|Bm	G	|D	A	|

And does it make you wan - na cry?

Bm	G	|D	A	|

When you're out there do - ing what you're doing,

Bm	G	|D	A

Are you just get - ting by?

|Bm	G	|D

Tell me, are you just get - ting by, by, by.

Chorus 2

```
           ‖G
Where there is de-sire,
                    |D
There is gonna be a flame.
            |A
Where there is a flame,
                   |Bm
Someone's bound to get burned.
              |G
But just because it burns
                      |D
Doesn't mean you're gonna die.
         |A                |Bm
You gotta get up   and try and try and try.
         |G                |D
Gotta get up   and try and try and try.
         |A                |Bm
You gotta get up   and try and try and try.
         |G                |D
Gotta get up   and try and try and try.
         |A                |Bm
Gotta get up   and try and try and try.
         |G                |D
You gotta get up   and try and try and try.
         |A                |Bm     G    |
Gotta get up   and try and try and try.
 D    A  |Bm    G   |D
```

Outro

```
         A    ‖Bm      G      |D
You got-ta get up   and try and try and try.
         A   |Bm     G  |D    A   |
Got-ta get up   and try, try, try.
 Bm   G  |D    A  |Bm   G  |D    A   ‖
```

Viva la Vida

Words and Music by
Guy Berryman, Jon Buckland,
Will Champion and Chris Martin

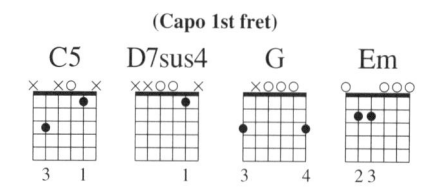

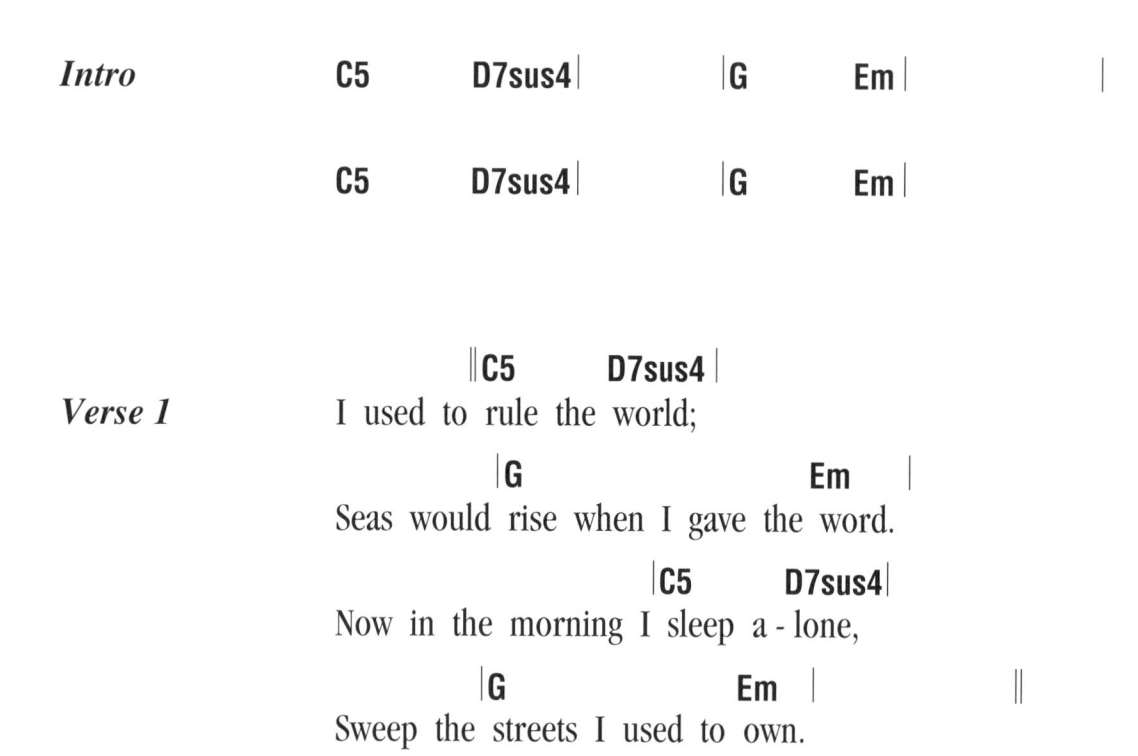

(Capo 1st fret)

C5   D7sus4   G   Em

Intro |C5   D7sus4| |G   Em| |

               |C5   D7sus4| |G   Em|

Verse 1
                    ‖C5   D7sus4|
           I used to rule the world;
                    |G   Em |
           Seas would rise when I gave the word.
                    |C5   D7sus4|
           Now in the morning I sleep a-lone,
                    |G   Em | ‖
           Sweep the streets I used to own.

Repeat Intro

Verse 2
                    ‖C5   D7sus4|
           I used to roll the dice,
                    |G   Em |
           Feel the fear in my enemy's eyes,
                    |C5   D7sus4|
           Listen as the crowd would sing,
                    |G   Em|
           "Now the old king is dead! Long live the king!"

Pre-Chorus 1

‖C5   D7sus4|
One minute I held the key,

|G   Em|
Next the walls were closed on me.

|C5   D7sus4|
And I discovered that my castles stand

|G   Em|
Upon pillars of salt and pil - lars of sand.

Chorus

‖C5   D7sus4|
I hear Jerusalem bells a-ringing,

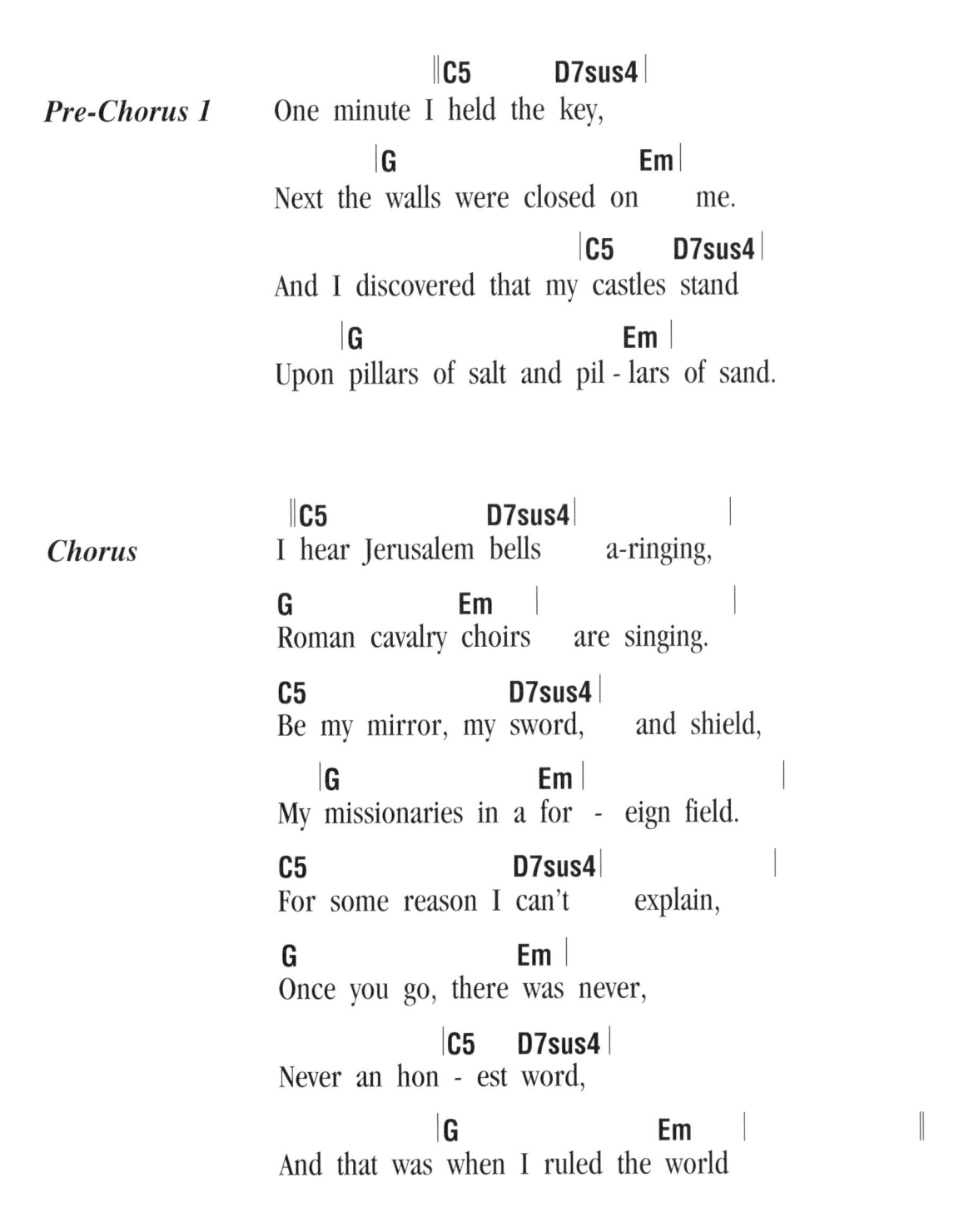

G   Em |
Roman cavalry choirs are singing.

C5   D7sus4|
Be my mirror, my sword, and shield,

|G   Em|
My missionaries in a for - eign field.

C5   D7sus4|
For some reason I can't explain,

G   Em|
Once you go, there was never,

|C5   D7sus4|
Never an hon - est word,

|G   Em | ‖
And that was when I ruled the world

Repeat Intro

Verse 3

                  ‖**C5**   **D7sus4**|
It was the wicked and wild wind,

        |**G**   **Em** |
Blew down the doors to let me in.

              |**C5**   **D7sus4**|
Shattered windows and the sound of drums;

    |**G**   **Em** |
People couldn't believe what I'd become.

Pre-Chorus 2

       ‖**C5**   **D7sus4**|
Revolution - aries wait

   |**G**   **Em** |
For my head on a silver plate.

           |**C5**   **D7sus4**|
Just a puppet on a lonely string.

  |**G**   **Em**|
Ah, who would ever want to be king?

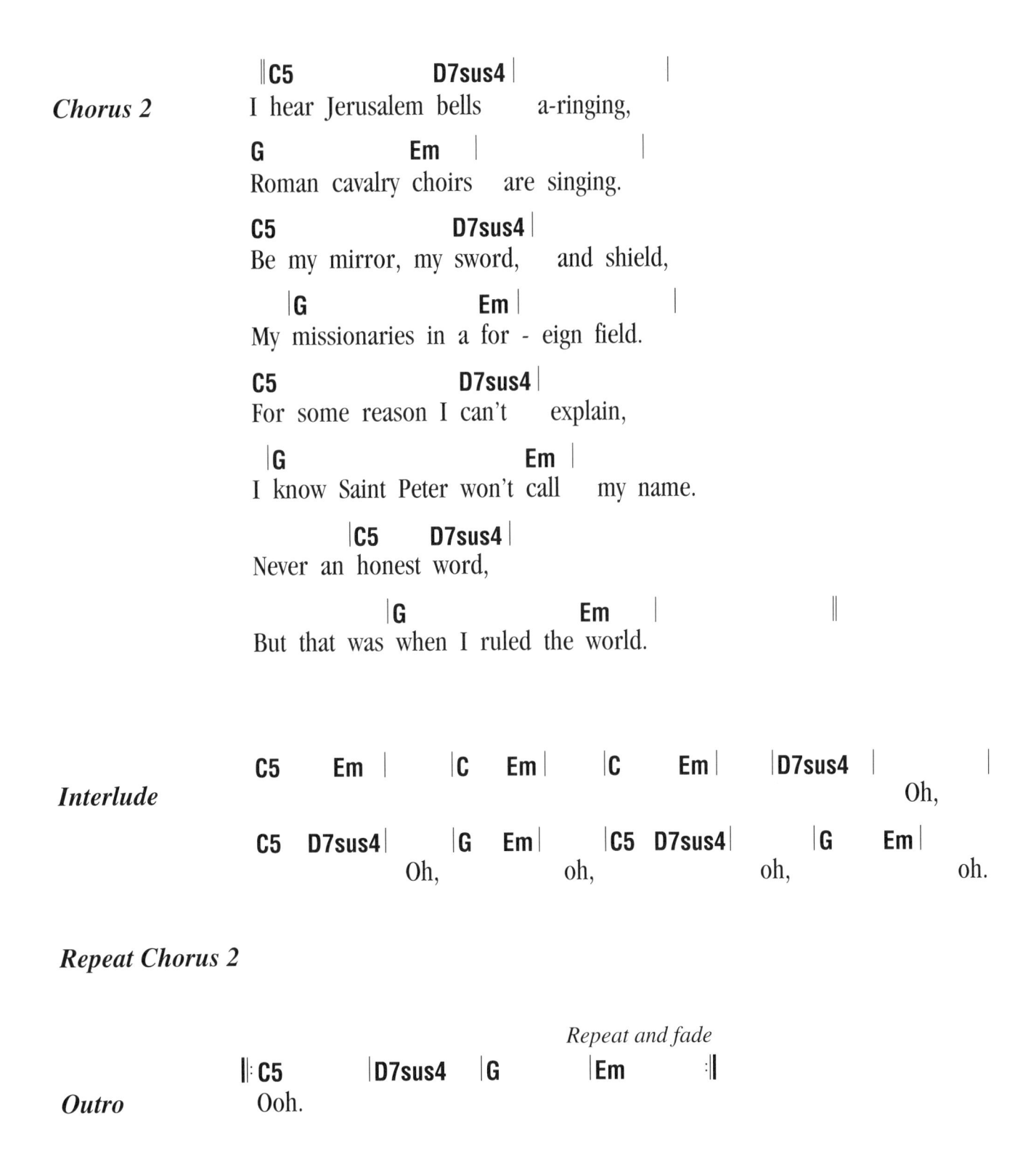

Chorus 2

| C5 | D7sus4 |
I hear Jerusalem bells a-ringing,
| G | Em |
Roman cavalry choirs are singing.
| C5 | D7sus4 |
Be my mirror, my sword, and shield,
| G | Em |
My missionaries in a for - eign field.
| C5 | D7sus4 |
For some reason I can't explain,
| G | Em |
I know Saint Peter won't call my name.
| C5 | D7sus4 |
Never an honest word,
| G | Em |
But that was when I ruled the world.

Interlude

| C5 Em | C Em | C Em | D7sus4 |
                                                           Oh,
| C5 D7sus4 | G Em | C5 D7sus4 | G Em |
Oh, oh, oh, oh.

Repeat Chorus 2

Repeat and fade

Outro

‖: C5 | D7sus4 | G | Em :‖
Ooh.

Wanted

Words and Music by
Hunter Hayes and Troy Verges

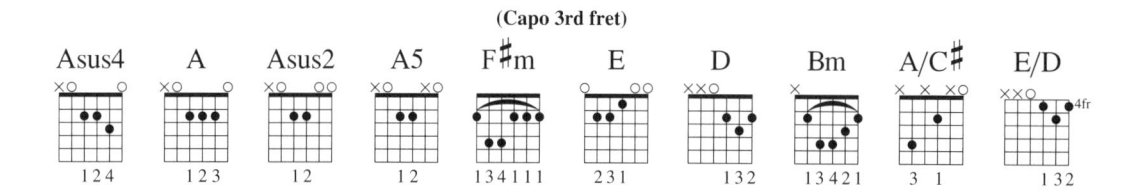

(Capo 3rd fret)

Asus4 A Asus2 A5 F#m E D Bm A/C# E/D

Intro |Asus4 A |Asus2 A |Asus4 A |Asus2 A ||

Verse 1
```
    Asus4        A         |Asus2    A
    You know I'd fall apart with - out     you.
   |Asus4         A              |Asus2    A5    |
    I don't know how you do what you do.
    Asus4         A                   |Asus2    A    |
    'Cause everything that don't make sense a - bout    me
    Asus4        A           |Asus2   A5    ||
    Makes sense when I'm with you.
```

Copyright © 2011 SONGS OF UNIVERSAL, INC., SONGS FROM THE ENGINE ROOM and HAPPY LITTLE MAN PUBLISHING
All Rights Controlled and Administered by SONGS OF UNIVERSAL, INC.
All Rights Reserved   Used by Permission

Verse 2

     Asus4   **A** |**Asus2**   **A**
Like everything that's green, girl, I need   you.

|**Asus4**   **A** |**Asus2**   **A5** |
But it's more than one and one makes two.

Asus4   **A** |**Asus2** **A** |
I put aside the math and the log - ic of it.

Asus4   **A** |**Asus2**   **A5**
You gotta know you're wanted   too.

Chorus 1

             ||**F♯m**   **E**
'Cause I wanna wrap you   up,

    |**D**   **A**
Wanna kiss your   lips.

|**F♯m**   **E** |**D**   **A**
I wan-na make you feel want - ed.

          |**F♯m**   **E**
And I wanna call you   mine,

   |**D**   **A** |**F♯m**
Wanna hold your hand forev - er

        E |**D**   **A**
And nev-er let you forget   it.

     |**F♯m** **E** |**D** |
Yeah, I wan-na make you feel want - ed.

Asus4   **A** |**Asus2** **A5** ||

Verse 3

      Asus4   **A**   **|Asus2** **A** |
Anyone can tell you you're pret - ty.

      Asus4   **A**   **|Asus2** **A5** |
And you get that all the time,   I know you do.

      Asus4   **A**   **|Asus2** **A** |
But your beau - ty's deeper than the makeup.

      Asus4   **A**   **|Asus2** **A5**
And I wan - na show you what I see to - night.

Chorus 2

        ‖F♯m   **E**
When I wrap you   up,

          |D   **A**
When I kiss your   lips,

   |F♯m   **E**   **|D**   **A**
I   wan - na make you feel want - ed.

            |F♯m   **E**
And I wanna call you   mine,

       |D   **A**   **|F♯m**
Wanna hold your   hand forev - er

          E   **|D**   **A**
And nev - er let you forget   it,

             |F♯m   **E**   **|D**   ‖
'Cause, baby, I   wan - na make you feel want - ed.

Bridge

     Bm
    As good as you make me feel,
A/C#   **|D**
    I wanna make you feel bet - ter,
Bm
    Better than your fairy tales,
A/C#
    Better than your best dreams.
D   **|E**
    You're more than everything I need.
              |A5
    You're all I ever wanted,
        |E   **|D** **E/D** **|D**
    And all I ever want - ed.

Chorus 3

            ‖F#m   **E**
    And I just wanna wrap you   up,
    |D   **A**
    Wanna kiss your   lips.
|F#m   **E**   **|D**   **A**
I   wan - na make you feel want - ed.
        |F#m   **E**
And I wanna call you   mine,
    |D   **A**   **|F#m**
Wanna hold your   hand forev - er
     E   **|D**   **A**
And never let you forget   it.
    |F#m   **E**   **|D**   **A**
Yeah,   I wan - na make you feel want - ed.
    |F#m   **E**   **|D**
Baby, I   I wan - na make you feel   wanted.
Asus4 **A** **|Asus2** **A**

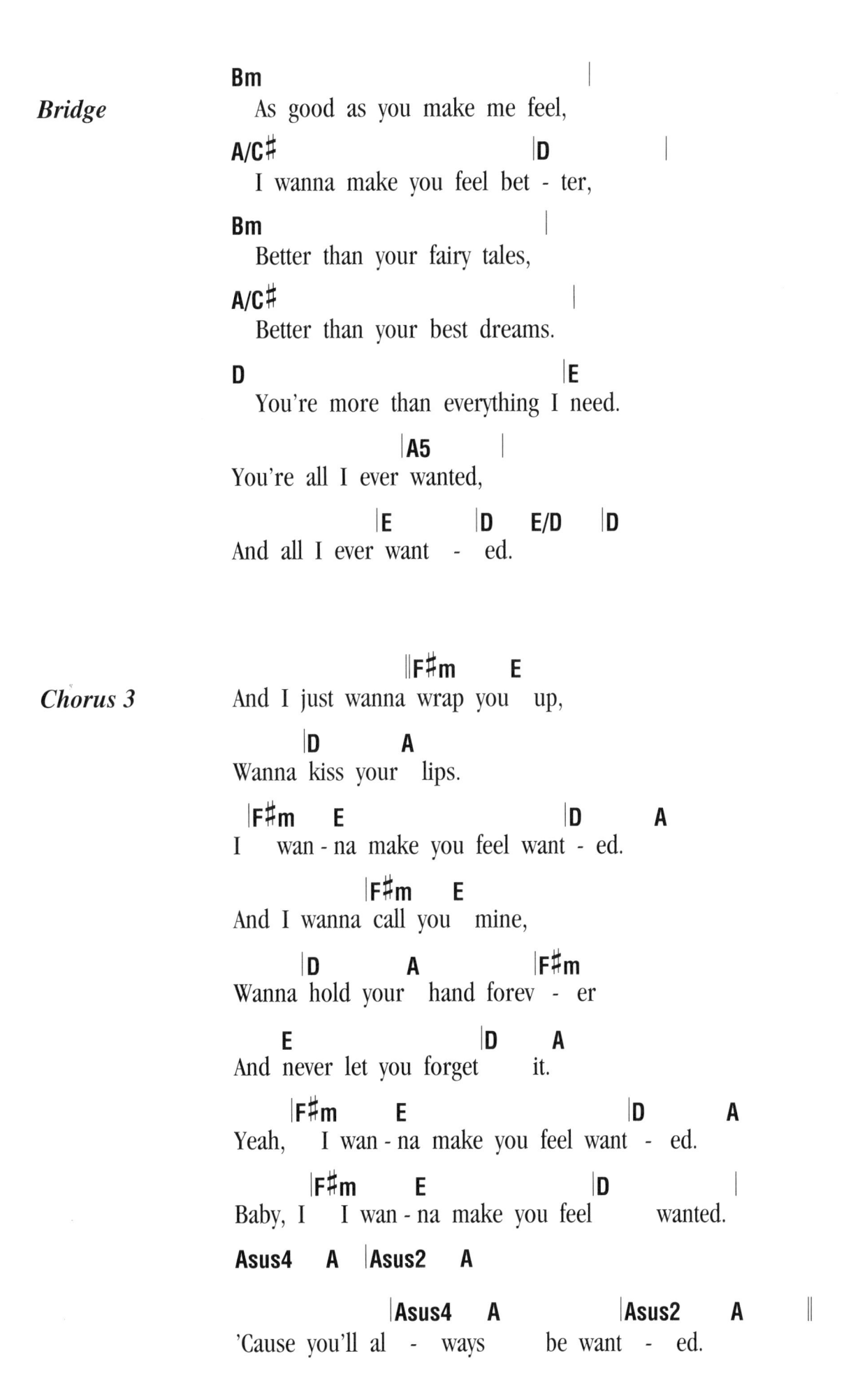

           |Asus4 **A**   **|Asus2** **A**   ‖
'Cause you'll al - ways   be want - ed.

We Are Never Ever Getting Back Together

Words and Music by
Taylor Swift, Shellback
and Max Martin

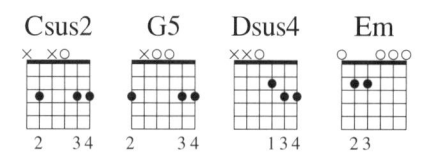

Csus2   G5   Dsus4   Em

Intro Csus2   G5 |Dsus4   Em ||

Verse 1

    Csus2   **G5**
I remember when we broke up the first time,

Dsus4   **Em**
Saying, "This is it, I've had e - nough," 'cause like,

  |**Csus2**   **G5**
We hadn't seen each other in a month

    |**Dsus4**   **Em**
When you said you needed space. *What?*

Csus2   **G5**
Then you come around again and say,

   |**Dsus4**   **Em**
"Baby, I miss you and I swear I'm gonna change; trust me."

 |**Csus2**   **G5**
Re - member how that lasted for a day?

  |**Dsus4**   **Em** ||
I say, "I hate you," we break up; you call me: "I love you."

Pre-Chorus 1

       Csus2   G5
Ooh, ooh,   ooh, ooh,

    |**Dsus4**   **Em**
We called it off again   last night.

    |**Csus2**   **G5**
But ooh, ooh,   ooh, ooh,

Dsus4   **Em**
This time I'm telling you, I'm telling you:

Chorus 1

Csus2 G5 |**Dsus4**   **Em**   **Dsus4**|
We are never ever ever   getting back to-gether.

Csus2 G5 |**Dsus4**   **Em**   **Dsus4**|
We are never ever ever   getting back to-gether.

Csus2   **G5** |**Dsus4**   **Em** **Dsus4**
You go talk to your   friends, talk to my   friends, talk to me,

  |**Csus2** **G5** |**Dsus4** |**Csus2**   **G5**
But we are never ever ever   ever getting back to-gether.

   |**Dsus4**   **Em**
Like,   *ever.*

Verse 2

  ‖**Csus2**   **G5**
I'm really gonna miss you picking fights

   |**Dsus4**   **Em**
And me falling for it, screaming that I'm right.

    |**Csus2**   **G5**
And you would hide away and find your peace of mind

   |**Dsus4**   **Em**
With some *indie record that's much cooler than mine.*

Pre-Chorus 2

      Csus2   **G5**
Ooh, ooh,   ooh, ooh,

    |**Dsus4**   **Em**
You called me up again   tonight

    |**Csus2**   **G5**
But ooh, ooh,   ooh, ooh,

Dsus4   **Em**
This time I'm telling you, I'm telling you:

Chorus 2

Csus2 G5 |**Dsus4**   **Em**   **Dsus4**|
We are never ever ever   getting back to - gether.

Csus2 G5 |**Dsus4**   **Em**   **Dsus4**|
We are never ever ever   getting back to - gether.

Csus2   **G5** |**Dsus4**   **Em Dsus4**
You go talk to your   friends, talk to my   friends, talk to me,

|**Csus2 G5** |**Dsus4**
But we are never ever ever   ever getting back to-...

Interlude

Csus2 G5
Ooh,   ooh, ooh, ooh.

Dsus4 Em   **Dsus4**
Ooh,   ooh, ooh, ooh.

Csus2 G5
Ooh,   ooh, ooh, ooh,

Dsus4   **Em Dsus4**
  Oh, oh, oh.

Verse 3

```
        Csus2          G5       |Dsus4         Em
I used to think     that we       were for-ever, ever,
         |Csus2         G5  |Dsus4         Em      |
And I used to say,       "Never say nev-er."
        Csus2                G5
  So he calls me up and he's like,
           |Dsus4                   Em
"I still love you," and I'm like,
                     |Csus2                          G5
"I just… I mean this is exhausting, you know, like,
                           |Dsus4 N.C.               ||
We are never getting back to-gether.     Like, ever." No!
```

Chorus 3

```
        Csus2   G5         |Dsus4      Em      Dsus4|
We are never ever ever      getting back to-gether.
        Csus2   G5         |Dsus4      Em      Dsus4|
We are never ever ever      getting back to-gether.
        Csus2              G5            |Dsus4          Em    Dsus4
You go talk to your    friends, talk to my   friends, talk to me,
         |Csus2   G5         |Dsus4  Em     Dsus4        ||
But we are never ever ever         getting back to-…
```

Outro

```
        Csus2    G5         |Dsus4       Em      Dsus4 |
We, ooh,   ooh, ooh,    ooh, getting back to-gether.
        Csus2    G5         |Dsus4       Em      Dsus4 |
We, ooh,   ooh, ooh,    ooh, getting back to-gether.
        Csus2              G5            |Dsus4          Em    Dsus4
You go talk to your    friends, talk to my   friends, talk to me,
         |Csus2   G5         |Dsus4    N.C.     |               ||
But we are never ever ever ever getting back to-gether.
```

We Are Young

Words and Music by
Jeff Bhasker, Andrew Dost,
Jack Antonoff and Nate Ruess

(Capo 1st fret)

E   C#m   F#m   A   B   G#m   E/B

Verse 1

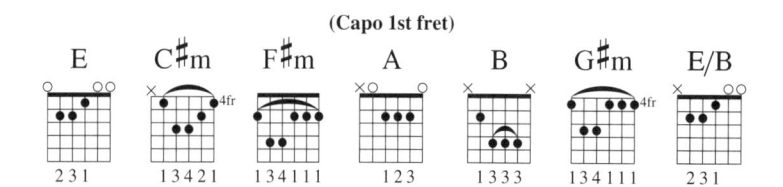

    E
Give me a second,

  |**E**
I, I need to get my story straight.

  |**C#m**
My friends are in the bathroom

    |**C#m**
Getting higher than the Empire State.

 |**F#m** |
My lover, she's waiting for me just across the bar.

       |**A** |
My seat's been taken by some sunglasses

B ||
Asking 'bout a scar, and

Verse 2

    E
I know I gave it to you months ago.
C♯m
I know you're trying to for-get.
  |F♯m
But be-tween the drinks and subtle things,
  |F♯m
The holes in my apologies, you know,
A   **|B**
I'm trying hard to take it back.
    |F♯m   **G♯m**
So if by the time the bar closes
    |C♯m **B** **A**
And you feel like falling down,
 |A   **B**
I'll carry you home.

Chorus

```
     ‖E              |C#m          |
```
To - night   we are young,

```
C#m                      |A
```
So let's set the world on fire.

```
              |A             |E/B      |B
```
We can burn brighter than the sun.

```
     |E              |C#m          |
```
To - night   we are young,

```
C#m                      |A
```
So let's set the world on fire.

```
              |A             |E/B      |B
```
We can burn brighter than the sun.

Verse 3

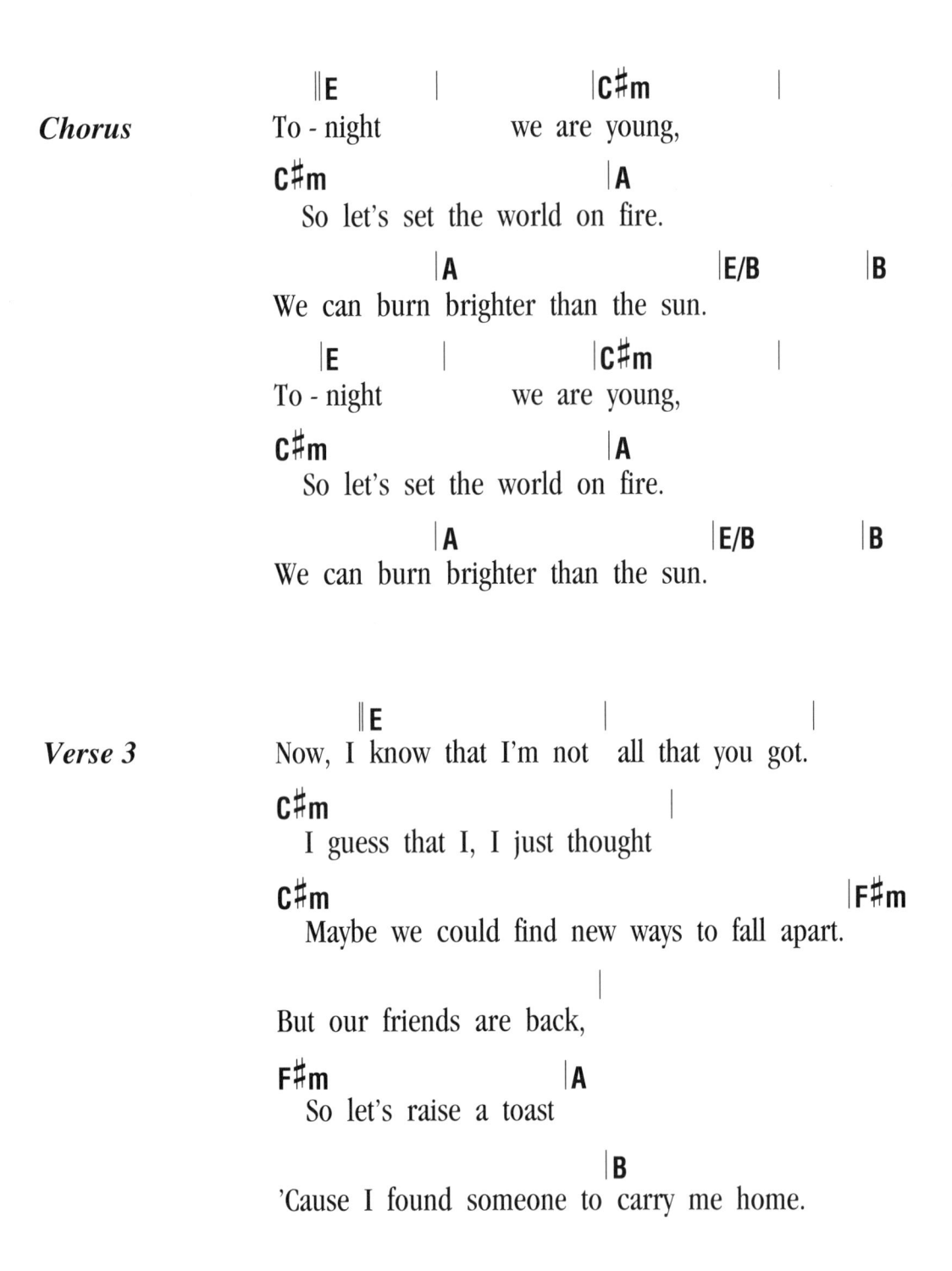

```
     ‖E                 |              |
```
Now, I know that I'm not all that you got.

```
C#m                      |
```
I guess that I, I just thought

```
C#m                                    |F#m
```
Maybe we could find new ways to fall apart.

```
                         |
```
But our friends are back,

```
F#m              |A
```
So let's raise a toast

```
                         |B
```
'Cause I found someone to carry me home.

Repeat Chorus

Bridge

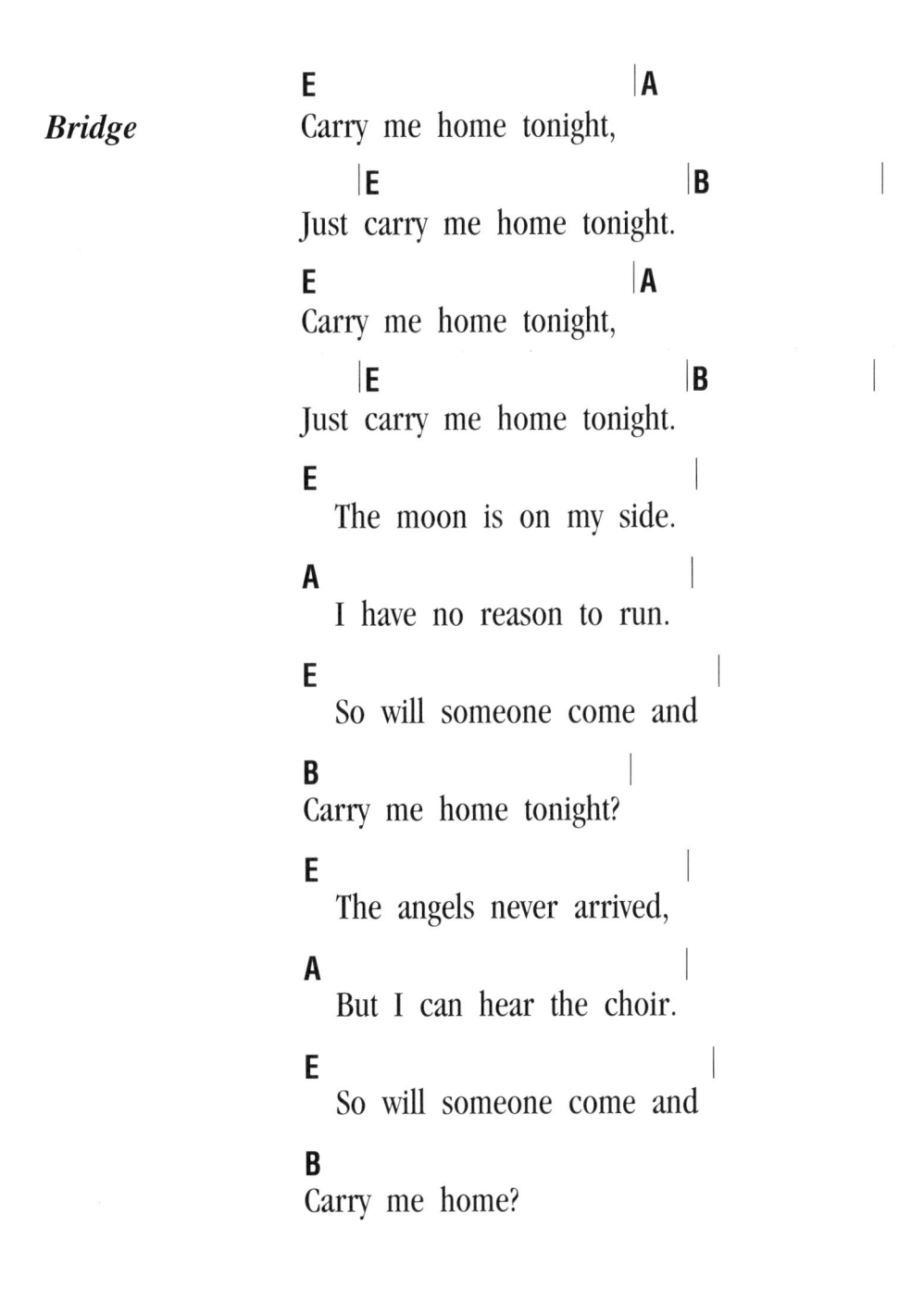

```
     E                  |A
Carry me home tonight,
      |E               |B          |
Just carry me home tonight.
     E                  |A
Carry me home tonight,
      |E               |B          |
Just carry me home tonight.
     E                           |
  The moon is on my side.
A                                |
  I have no reason to run.
E                                |
  So will someone come and
B                    |
Carry me home tonight?
E                                |
  The angels never arrived,
A                                |
  But I can hear the choir.
E                                |
  So will someone come and
B
Carry me home?
```

Repeat Chorus

Outro

```
           ‖F♯m       G♯m
So if by the time the bar closes
         |C♯m    B    A
And you feel like falling down,
    |A       B     |E              ‖
I'll carry you home to - night.
```

Yoü and I

Words and Music by
Stefani Germanotta

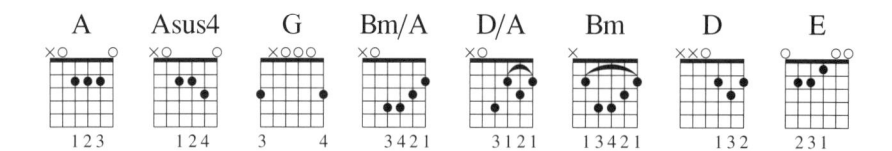

```
   A      Asus4    G     Bm/A    D/A     Bm      D       E
```

Intro   A   Asus4 | A   G

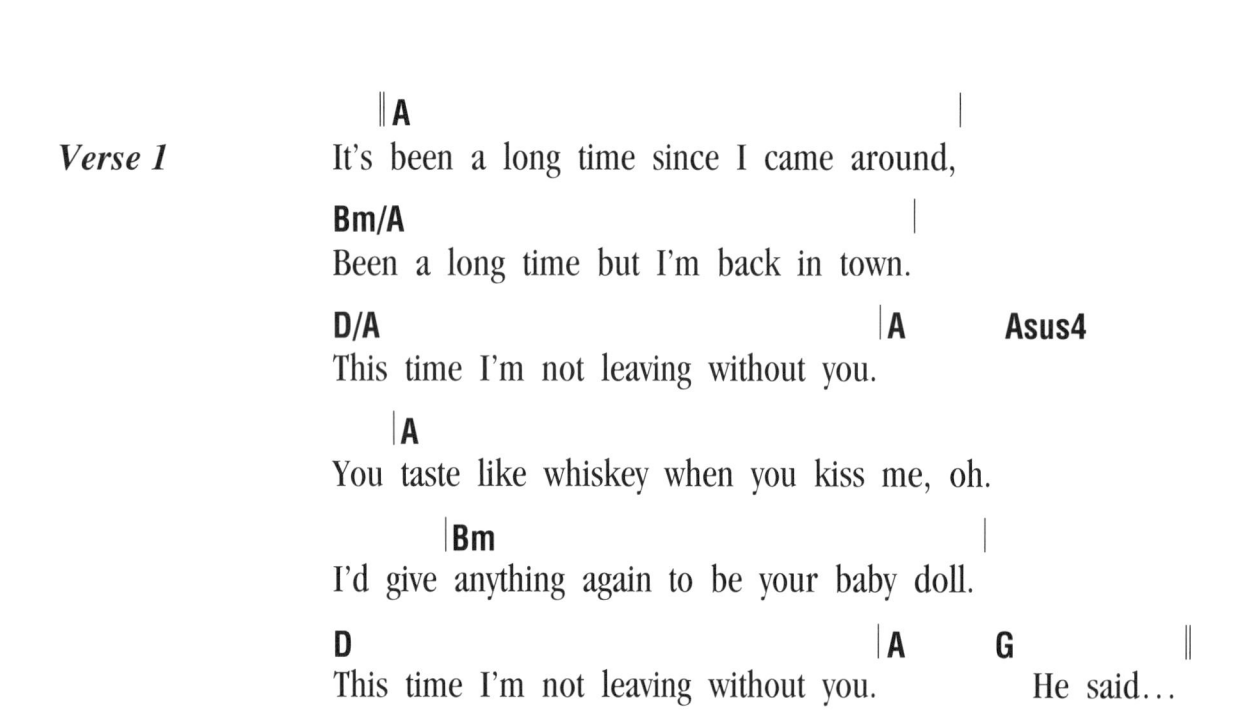

Verse 1

‖A |
It's been a long time since I came around,

Bm/A |
Been a long time but I'm back in town.

D/A |A   Asus4
This time I'm not leaving without you.

     |A
You taste like whiskey when you kiss me, oh.

      |Bm |
I'd give anything again to be your baby doll.

D |A   G   ‖
This time I'm not leaving without you.   He said…

Copyright © 2011 Sony/ATV Music Publishing LLC and House Of Gaga Publishing Inc.
All Rights Administered by Sony/ATV Music Publishing LLC, 8 Music Square West, Nashville, TN 37203
International Copyright Secured   All Rights Reserved

Pre-Chorus

     D
Sit back down where you belong,
       |**A**   **G** |
In the corner of my bar with your high heels on.
     D
Sit back down on the couch where we
    |**E**   **N.C.**   ‖
Made love the first time and you said to me, there's

Chorus

     D |**A**   **G** |
   Something, something about this place,
     D |**A**   **G** |
Something 'bout lonely nights and my lipstick on your face,
     D |**A**   **G**
   Something, something about my cool Nebraska guy,
    |**E**   **D** **N.C.** |**A**   **D**
Yeah, something about, baby, you and I.

Verse 2

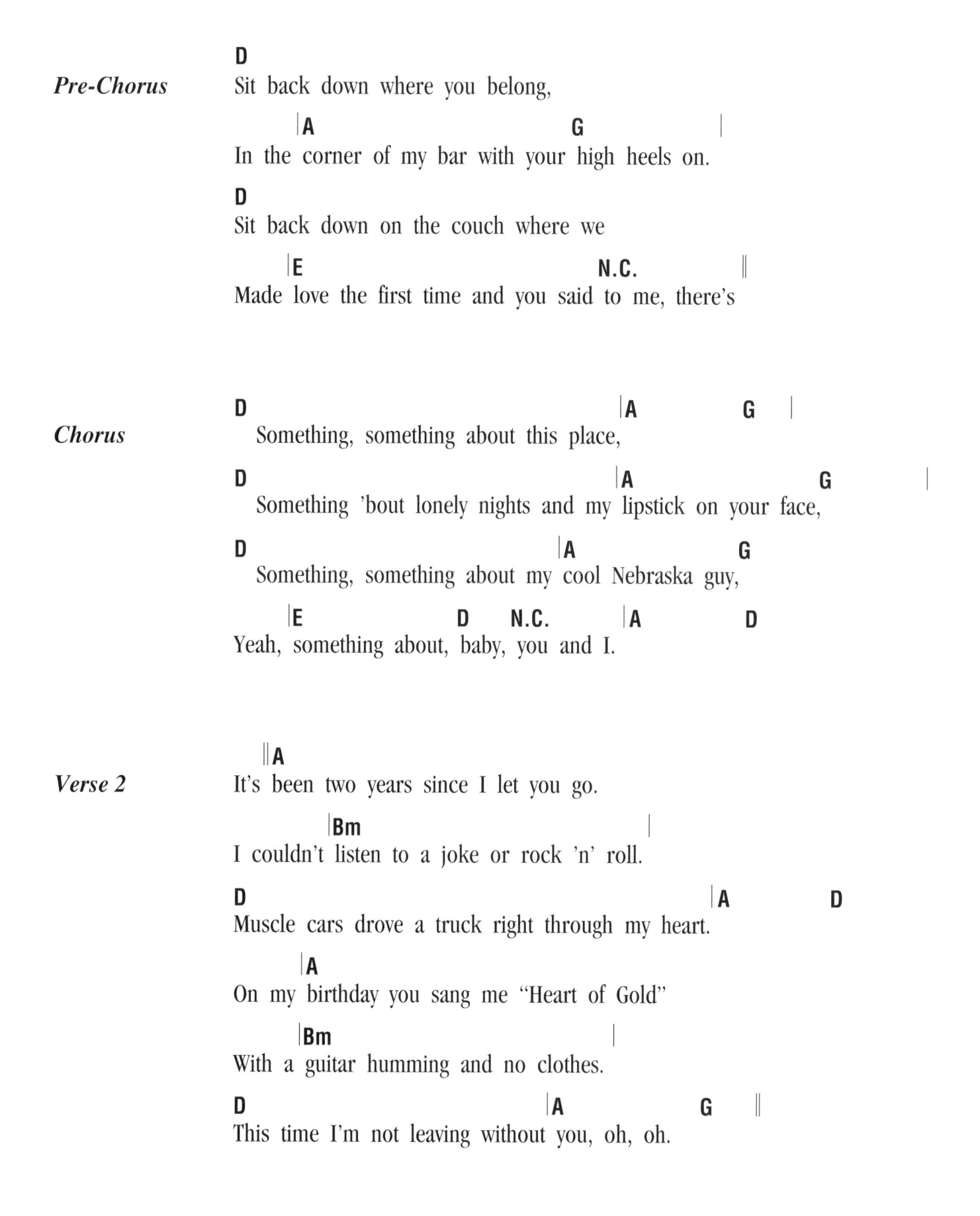

    ‖**A**
It's been two years since I let you go.
     |**Bm** |
I couldn't listen to a joke or rock 'n' roll.
     D |**A**   **D**
Muscle cars drove a truck right through my heart.
     |**A**
On my birthday you sang me "Heart of Gold"
     |**Bm** |
With a guitar humming and no clothes.
     D |**A**   **G** ‖
This time I'm not leaving without you, oh, oh.

Repeat Pre-Chrorus

Repeat Chorus

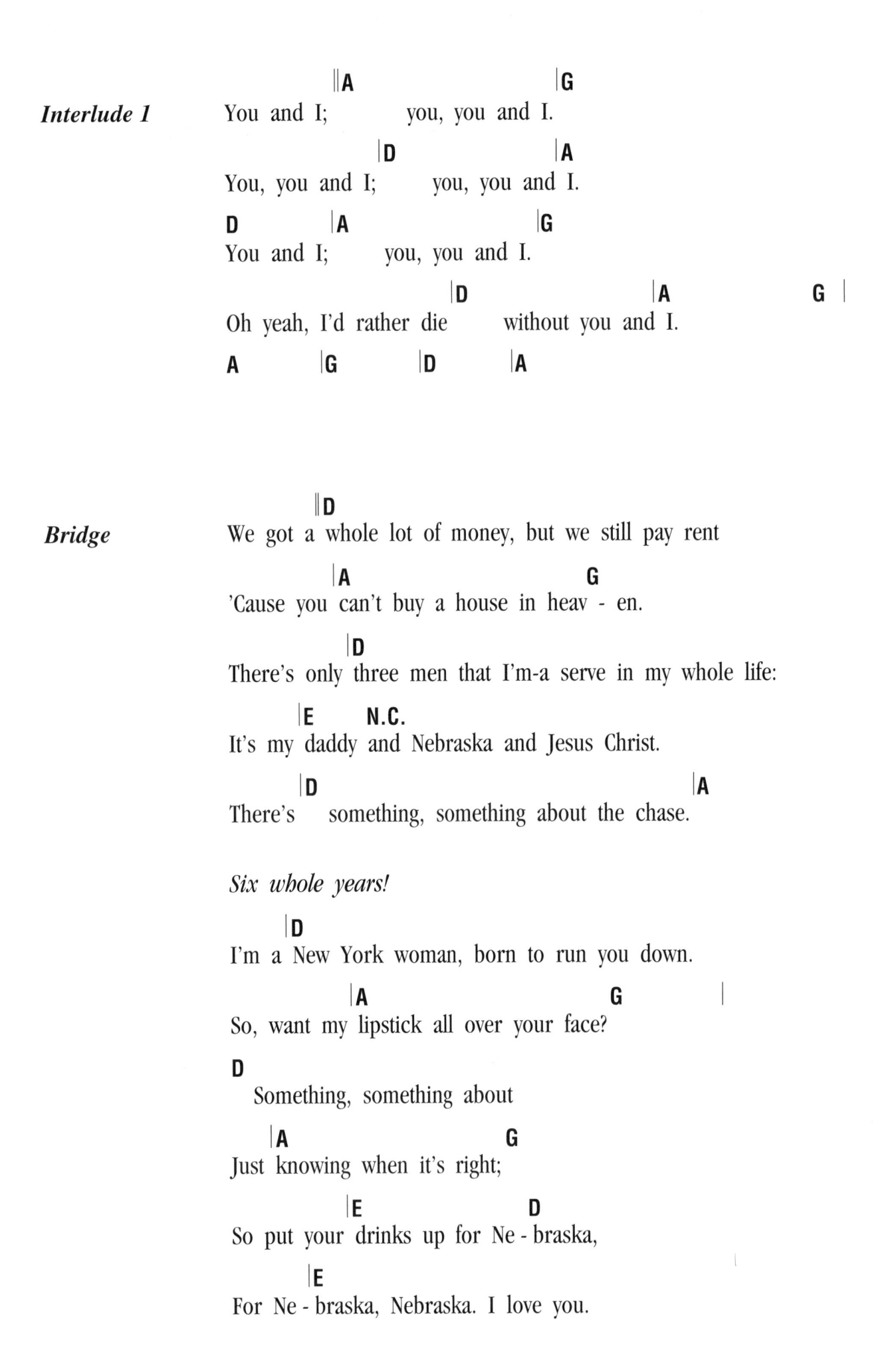

Interlude 1

```
            ‖A              |G
You and I;      you, you and I.
                |D              |A
You, you and I;      you, you and I.
D       |A              |G
You and I;      you, you and I.
                  |D              |A           G  |
Oh yeah, I'd rather die      without you and I.
A       |G       |D       |A
```

Bridge

```
              ‖D
We got a whole lot of money, but we still pay rent
        |A                  G
'Cause you can't buy a house in heav - en.
              |D
There's only three men that I'm-a serve in my whole life:
      |E       N.C.
It's my daddy and Nebraska and Jesus Christ.
        |D                                |A
There's    something, something about the chase.
```

Six whole years!

```
      |D
I'm a New York woman, born to run you down.
              |A                  G           |
So, want my lipstick all over your face?
D
    Something, something about
      |A                  G
Just knowing when it's right;
              |E              D
So put your drinks up for Ne - braska,
              |E
For Ne - braska, Nebraska. I love you.
```

Interlude 2

```
            ‖A              |G
    You and I;    you, you and I.
                   |D            |A
    Baby, I rather die    without you and I.
    D       |A              |G
    You and I;    you, you and I.
                      |D             |A
    Nebraska, I rather die    without you and I.
```

Outro

```
        ‖A                          |
    It's been a long time since I came around,

    Bm                              |
    Been a long time but I'm back in town.

    D                         |A      ‖
    This time I'm not leaving without you.
```

STRUM & SING WITH cherry lane music company

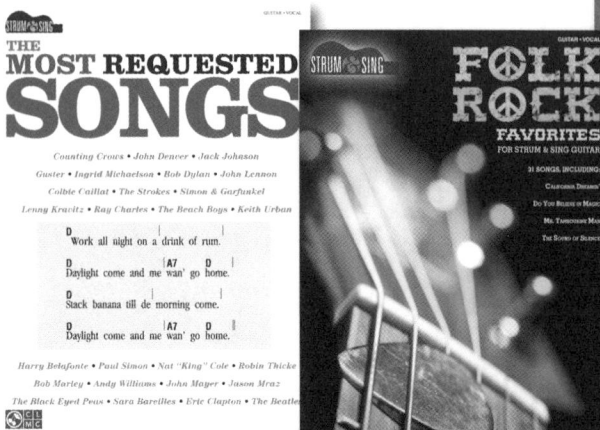

GUITAR

SARA BAREILLES
00102354...$12.99

ZAC BROWN BAND
02501620...$12.99

COLBIE CAILLAT
02501725...$14.99

CAMPFIRE FOLK SONGS
02500686...$10.99

CHRISTMAS CAROLS
02500631...$6.95

COUNTRY
02500755...$9.95

JOHN DENVER COLLECTION
02500632...$9.95

50 CHILDREN'S SONGS
02500825...$7.95

THE 5 CHORD SONGBOOK
02501718...$9.99

FOLK SONGS
02501482...$9.99

FOLK/ROCK FAVORITES
02501669...$9.99

40 POP/ROCK HITS
02500633...$9.95

THE 4 CHORD SONGBOOK
02501533...$10.99

HITS OF THE '60S
02501138...$10.95

HITS OF THE '70S
02500871...$9.99

HYMNS
02501125...$8.99

JACK JOHNSON
02500858...$14.99

DAVE MATTHEWS BAND
02501078...$10.95

JOHN MAYER
02501636...$10.99

INGRID MICHAELSON
02501634...$10.99

THE MOST REQUESTED SONGS
02501748...$10.99

JASON MRAZ
02501452...$14.99

ROCK BALLADS
02500872...$9.95

THE 6 CHORD SONGBOOK
02502277...$10.99

UKULELE

COLBIE CAILLAT
02501731...$10.99

JOHN DENVER
02501694...$10.99

JACK JOHNSON
02501752...$10.99

JOHN MAYER
02501706...$10.99

INGRID MICHAELSON
02501741...$10.99

THE MOST REQUESTED SONGS
02501453...$10.99

JASON MRAZ
02501753...$14.99

SING-ALONG SONGS
02501710...$10.99

See your local music dealer or contact:

cherry lane music company

EXCLUSIVELY DISTRIBUTED BY
HAL•LEONARD CORPORATION
7777 W. BLUEMOUND RD. P.O. BOX 13819 MILWAUKEE, WI 53213

Prices, content, and availability subject to change without notice.